reinhardt

Daniel Zahno

Stadtverführer

**Die schönsten Spaziergänge
in und um Basel**

Friedrich Reinhardt Verlag

Der Autor dankt der Kulturförderung der
Gemeinde Riehen für die grosszügige Unterstützung.

RIEHEN
LEBENSKULTUR

Alle Rechte vorbehalten
© 2019 Friedrich Reinhardt Verlag, Basel
Projektleitung: Claudia Leuppi
Gestaltung und Layout: Romana Stamm
Fotos: Claudia Leuppi (Cover), Daniel Zahno
ISBN 978-3-7245-2327-7

www.reinhardt.ch

Der Friedrich Reinhardt Verlag wird vom
Bundesamt für Kultur mit einem Strukturbeitrag
für die Jahre 2016–2020 unterstützt.

Inhalt

Vorwort 8

In der Stadt

Übersichtskarte in der Stadt 10

1 | *Basler Safari* 12

2 | *Women's Walk* 19

3 | *Sevogel-Slalom* 26

4 | *Hin- und hergerichtet* 31

5 | *Damhirsche am Dyych* 37

6 | *Vom Joggeli zum Birsköpfli* 41

7 | *Abenteuerlicher Kettenweg* ... 45

8 | *Auf der Suche nach dem verlorenen Ufer* 50

9 | *Von Mundart zu Mundart* 54

10 | *Lachs à la Bâloise* 59

In der Stadt

11 | *Mit Google nach Capri* 65

12 | *Matthäus-Passion* 71

13 | *Grand Tour* 77

14 | *Von Bausünde zu Bausünde* 83

15 | *Zu Schafen und Sittichen auf einer friedlichen Matte* .. 88

Um die Stadt

Übersichtskarte um die Stadt 92

16 | *Promenade unter prominenten Bäumen*........... 94

17 | *Vom Wasserturm zum Schällenursli*.............. 98

18 | *Weite und Wollschweine* 103

19 | *Die Magie der Meriangärten* 107

20 | *Wald und Wasser*.......................... 112

21 | *Spektakulärer Abenteuer-Trip*........... 117

22 | *Durchs nimmergrüne Immergrün*.......... 122

23 | *Kurze Weile in den Langen Erlen*.......... 126

24 | *«Ist das Kunst oder kann das weg?»* 131

25 | *Aussicht, Aussicht, Aussicht* 136

Autor 142

Vorwort

Wir spazieren, weil wir Lust haben. Nicht, um anzukommen. Nicht, um etwas zu erledigen. Wir spazieren, weil wir herumstreunen und Schönes entdecken wollen. Weil wir überrascht werden wollen.

Flanierend suchen wir neue Pfade, gehen alte Wege neu, sind offen für das, was sich am Wegrand auftut. Bisweilen kommen wir vom Weg ab und verlaufen uns, das gehört dazu. Wir können unseren Stress vergessen und spielerisch zu neuen Einsichten gelangen.

Oft nehmen wir das Alltägliche nicht mehr wahr. Wir hetzen durch die Stadt und sehen ihre kleinen und grossen Schätze nicht mehr. Als wären wir vollkommen anästhesiert. Das beste Mittel gegen diese antrainierte Blindheit ist Spazieren. Es öffnet die Augen. Es macht Dinge sichtbar, deren verborgenem Sinn wir nachspüren können.

Als Spazierende haben wir Musse. Wir sind langsam unterwegs. Langsam und unberechenbar. Denn Spazieren entschleunigt uns auf wunderbare Weise. Es schenkt uns Zeit.

Vorwort

Spazieren kann auch heissen, Wege durch die Epochen anzulegen: von der Gegenwart etwa in die Renaissance, ins 19. Jahrhundert, ins Mittelalter, und von da zurück in die Gegenwart. Wir sind zugleich im Hier und Jetzt und in der Vergangenheit. So öffnet Flanieren Zeit und Raum. Und weil wir dabei ständig Standort und Perspektive wechseln, bringt es uns nicht nur eine frische Sicht auf manches, sondern auch auf vielerlei Weise weiter.

Wo fängt die Stadt an, wo hört sie auf? Das ist nicht einfach zu beantworten. Sich an politische Grenzen zu halten, wäre bei Basel kleinlich. Die Stadt hört an der Landes- oder Kantonsgrenze nicht wirklich auf.

Deshalb wird der Stadtbegriff hier grosszügig ausgelegt: Wo man mit Tram oder Bus hinkommen kann, das zählen wir dazu. Die meisten Streifzüge, deren Start- und Zielpunkte alle bequem mit dem öffentlichen Verkehr erreichbar sind, führen aber durch City und Quartiere.

Der Stadtverführer lädt ein, aufzubrechen, sich Zeit zu nehmen und das schöne Basel neu zu entdecken. Und was gibt es Spannenderes, als beim Herumstreunen fast vor der Haustür Aufregendes und Poetisches aufzuspüren, das man nicht erwartet hätte?

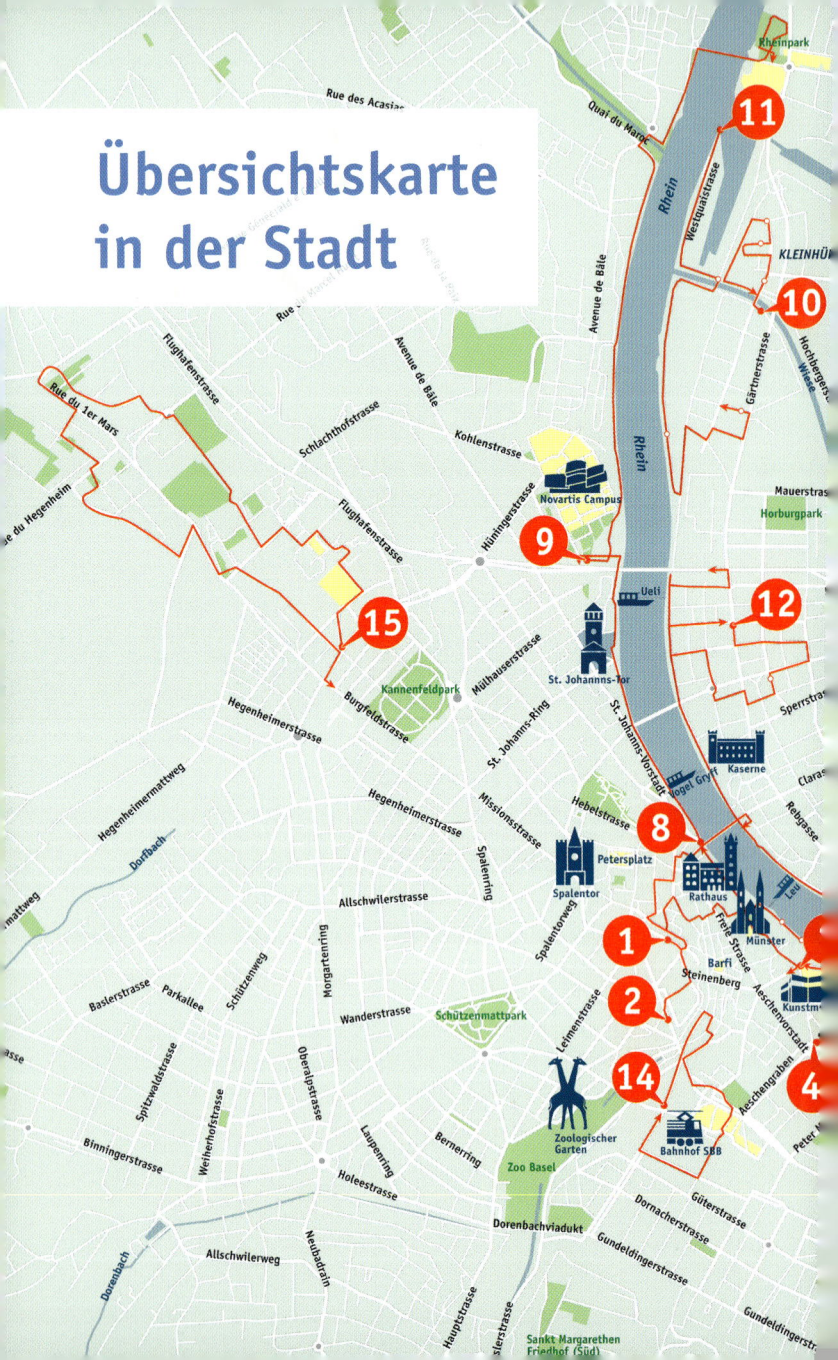

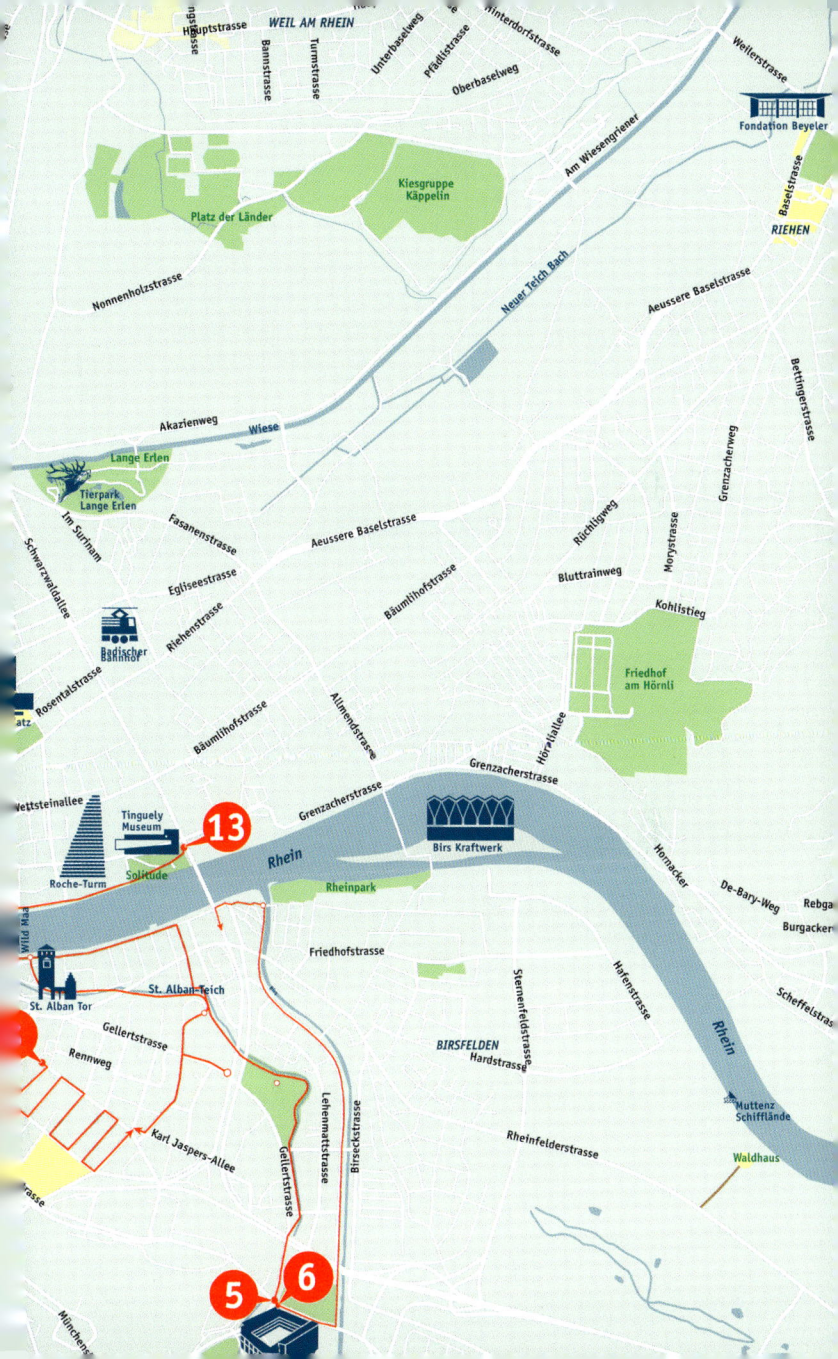

🔴 Basler Safari

Die Basler Safari startet bei der Haltestelle Musik-Akademie. Sie führt über Heu- und Schlüsselberg zu einem Nashorn, einem Elefanten und zwei Löwen, zu weiteren Elefanten (oder sind es Staubsauger?) am Münster und findet ihr furioses Finale im zweiten Stock des Kunstmuseums.

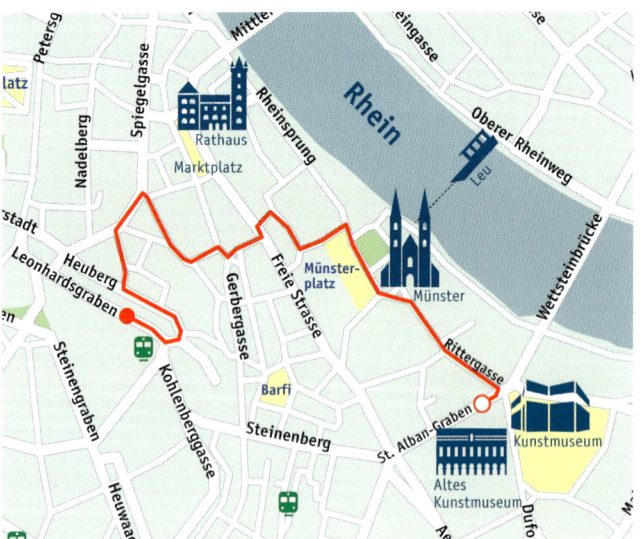

Infos
Anfahrt Mit Tram 3 zur Musik-Akademie. **Route** Leonhardskirchplatz – Heuberg – Unterer Heuberg – Gemsberg – Schnabelgasse – Rümelinsplatz – Grünpfahlgasse – Rüdengasse – Freie Strasse – Schlüsselberg – Münsterplatz – Pfalz – Rittergasse – St. Alban-Graben – Kunstmuseum. **Dauer** 1,5 Stunden. **Einkehr** Bistro Kunstmuseum, geöffnet Di–So 9–19 Uhr, Mi 9–21 Uhr. www.bistrokunstmuseumbasel.ch.
Rückfahrt Mit Tram 2, 15 in alle Richtungen.

Für diese Safari brauchen wir weder Tropenhelm noch Trekkingschuhe. Von der Haltestelle Musik-Akademie schlendern wir zum Ölberg-Brunnen, der seinen Namen vom Pfarrhaus «zum Ölenberg» hat, an das er lehnt. Beim Leonhardskirchplatz biegen wir links in den lauschigen Heuberg und entdecken schon bald das graue Nashorn, das friedlich vor Haus Nummer 31 steht. Es gehört dem Musiker Michael Pfeuti, der in dem Haus wohnt, und hat eine atemberaubende Geschichte. 2007 machte Pfeuti beim Wildwuchs Theaterfestival in der Kaserne mit. Thema des Festivals waren Menschen mit Behinderung und Kunst im öffentlichen Raum. Dabei wurde von Behinderten nicht nur eine Vielzahl von Stücken aufgeführt, darunter die «Synfolie» unter Pfeutis musikalischer Leitung, sondern auch die Dekoration auf dem Areal kreiert. Am Schluss des Festivals wurde die gesamte Dekoration verkauft – alles ging weg, ausser das Nashorn, das von Behinderten des Heims Sonnmatt in Langenbruck geschaffen worden war. Pfeuti kaufte das Nashorn – damals hatte es noch vier Rädli – und stellte es vor sein Haus. Schon in der zweiten Nacht wurde es von Strolchen weggerollt und landete

Nashorn Luna vom Heuberg 31.

kopfüber weit unten in der Gasse. Daraufhin kettete es Pfeuti an den Dachkännel an.

Das Nashorn machte weiter Furore. Touristen wie Einheimische blieben stehen und freuten sich über die Attraktion. Es reizte jedoch immer wieder auch Vandalen, die mehrfach das Horn abrissen – das Nashorn war fragil wie Pappmaché, denn es bestand nur aus einem Holzgerüst mit Drahtgeflecht und Gipsbandagen. Pfeuti setzte das Horn wieder auf und verstärkte es mit Stahl.

Blick von der Pfalz.

Beim Gemsberg.

Bei der nächsten Attacke wurden die Ohren abgerissen, später lag es – nicht anders als seine afrikanischen Verwandten – mit einem Bauchschlitz auf der Seite am Boden. Einmal wurde ihm der Kopf halb weggerissen und es hatte eine riesige Wunde am Hals. Nach dem letzten Vandalenakt im Sommer 2016 hatte Pfeuti die Schnauze voll. Das Nashorn verschwand für drei Monate im Hof seines Hauses, der zum Rhino-Sanatorium umfunktioniert wurde. Zusammen mit einem Freund verpasste er dem Tier eine Stahlwirbelsäule aus Vierkantrohren, verbaute in Schultern und Horn Gewindestangen, goss die Beine mit Beton aus und schraubte es an einer Platte im Boden fest. Viele Leute fragten ihn in dieser Zeit: Wo ist denn das Nashorn? Jetzt steht es wieder vor dem Haus, und seit der Operation mit Stahl, Stangen und Beton herrscht Ruhe.

Der Dickhäuter hat übrigens auch einen Namen. Als er neu dastand, spazierte oft eine alte Frau mit einem kleinen Hund daran vorbei. Der Hund kläffte und bellte das Nashorn wie verrückt an, er hatte Angst und war es nicht gewohnt, dass plötzlich so etwas grosses Graues in der Gasse stand. Die Frau kam eines Tages mit Pfeuti ins Gespräch und fragte nach dem Namen des Tieres. Es habe keinen, sagte Pfeuti. Luna wäre schön, sagte die Frau. Sind Sie sicher, dass es ein Weibchen ist?, fragte Pfeuti. Ja, ich hab's mir genau angeschaut, sagte die alte Frau. Seither heisst das Rhino Luna.

An der Hauswand hat Pfeuti einen Barcode angebracht, mit dem man via Smartphone direkt auf eine Seite zur Rettung der letzten Nashörner geleitet wird. Und das Nashornbaby, das Unbekannte im Februar 2019 zu Luna hingestellt und das Nachbarskinder Lucy getauft ha-

Miss Kumbuk am Schlüsselberg 9.

Elefanten-Staubsauger am Münster.

ben, hat Pfeuti vor der Fasnacht auf der Glyzinie über dem Portal in Sicherheit gebracht.

Wir flanieren weiter durch den Unteren Heuberg und kommen an herrlichen Häusern mit aussergewöhnlichen Namen vorbei wie «Hus zem Schrympfen», «zer Staywand» oder «Zum grossen Pfannebraus». Über den idyllischen Gemsberg gelangen wir zum Spalenberg, in die Schnabelgasse und zum Rümelinsplatz, wo das Restaurant Coccodrillo zu einem ungefährlichen Safari-Halt einlädt – Krokodilfleisch wird, wie in gewissen Mafia-Romanen, zum Glück nicht serviert.

Via Grünpfahlgasse und Rüdengasse landen wir in der Freien Strasse und fast in der Verlängerung der Rüdengasse stapfen wir den Schlüsselberg hoch. Nächster Halt

Pablo Picasso, «Pavianweibchen mit Jungem», 1951, Kunstmuseum Basel.

Haus Nummer 9 entdecken wir weit oben an der Fassade das Relief eines Elefanten. Dies erklärt sich so: Die Zoologen Fritz und Paul Sarasin waren 1883 nach Ceylon gereist, um für das Naturhistorische Museum Skelette zurückzubringen. Sie brachten aber nicht nur Skelette mit, sondern auch eine junge indische Elefantendame: Miss Kumbuk, der erste Elefant des Basler Zolli. In Erinnerung an die

unserer Safari ist beim Haus «zum Venedig»: Hier treffen wir auf einen goldenen Löwen, einen Markuslöwen – vermutlich, weil der erste Hausbesitzer Claus Gottschalk um 1460 rege Handelsbeziehungen mit Venedig unterhielt. Rechts des Eingangs entdecken wir vor dem Haus einen Steintritt, der zum Besteigen der Pferde diente – es ist der letzte in Basel.

Nach dem Steintritt gehen wir weiter den Schlüsselberg hoch – unmittelbar vor der Kurve bei

Dalis «Brennende Giraffe» im Kunstmuseum Basel.

Sarasins und an die in diesem Jahr verstorbene Miss Kumbuk brachte man 1917 am Erweiterungsbau des damaligen Völkerkundemuseums das Elefantenrelief an.

Ein paar Schritte weiter halten uns beim Haus «zur Mücke» zwei langmähnige Löwen mit irren Augen und herausgestreckter Zunge, von denen einer wie ein Affe aussieht, ein Baselschild entgegen – was die Besitzer des ehemaligen Korn- und Tuchhauses dazu bewog, diese überdrehten Löwen an ihrem Portal anzubringen, ist nicht überliefert, zeugt aber durchaus von Humor.

Über den Münsterplatz gehen wir zur Pfalz. An der dem Rhein zugewandten Seite des Münsters entdecken wir über den romanischen Blendbogen zwei Elefanten, die wie Staubsauger aussehen. Die Bildhauer im ausgehenden 12. Jahrhundert hatten nie Elefanten gesehen. Sie schufen die prächtigen Mischwesen mit Hilfe von Tierskizzen aus Musterbüchern, die als Vorlage dienten. Beim einen, der Stosszähne hat, ist der Rüssel viel kürzer als beim anderen, der keine Stosszähne hat. Als irgendwie orientalisch angehauchte Staubsauger sind aber beide ein Blickfang.

Detail aus Henri Rousseaus «Urwaldlandschaft mit untergehender Sonne» (1910, Kunstmuseum Basel).

Durch den Kreuzgang gelangen wir in die Rittergasse und weiter zum Kunstmuseum am St. Alban Graben. Beim eindrücklichen Kapitell an den Arkaden des Altbaus findet sich, neben einer Vielzahl anderer Figuren, übrigens auch ein Affe – Ende der 30er-Jahre in den Stein gehauen vom Basler Bildhauer Carl Gutknecht.

Zum Abschluss unserer Safari gehen wir im Kunstmuseum hoch in den zweiten Stock. Gleich im ersten Saal links findet sich die «Urwaldlandschaft mit untergehender Sonne» von Henri Rousseau, in der ein Mensch von einem Jaguar angegriffen wird. Ein paar Säle weiter stossen wir auf Dalis «Brennende Giraffe», und ganz in der Nähe befindet sich auch Picassos Bronzeskulptur «Pavianweibchen mit Jungem».

Nach so viel aufregenden Tieren haben wir im Bistro des Kunstmuseums einen letzten Safari-Halt verdient, bevor wir wieder nach Hause fahren zu unserem Stubentiger.

Fundstück
Das Portal des 1545 neu erbauten Hauses «zur Mücke» am Schlüsselberg – auf dem Relief zwei Löwen, die das Baselschild halten.

Mundstück
Ausgezeichnet mundende Apfeltarte im Bistro des Kunstmuseums, bei warmen Temperaturen mit den Bürgern von Calais im Innenhof, und sonst in schlichter, aber eleganter Ambiance drinnen.

❷ Women's Walk

Dieser Spaziergang führt von der Steinenschanze zum Gymnasium Leonhard und durch die lauschige Altstadt zur Helvetia auf der Kleinbasler Seite der Mittleren Brücke, notabene zu einer Reihe von Orten, an denen Frauen in Basel Geschichte geschrieben und die Zeitläufte geprägt haben.

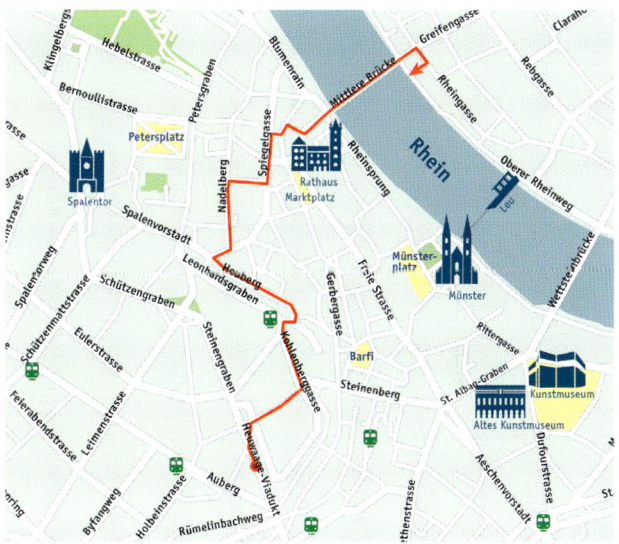

Infos
Anfahrt Mit Bus 30 zur Steinenschanze. **Route** Steinengraben – Kanonengasse – Gymnasium Leonhard – Kohlenberggasse – Heuberg – Spalenberg – Nadelberg – Imbergässlein – Andreasplatz – Schneidergasse – Stadthausgasse – Fischmarkt – Marktgasse – Schifflände – Mittlere Brücke – Greifengasse. **Dauer** 1,5 Std. **Einkehr** Confiserie Bachmann, geöffnet Mo–Fr 6–18.30 Uhr, Sa 6–18 Uhr und So 8–18 Uhr. www.confiserie-bachmann.ch. **Rückfahrt** Ab Haltestelle Rheingasse mit Tram 6, 8, 14, 15, 17 oder Bus 31, 34, 38 in alle Richtungen.

Bettina Eichins Erinnerungstafel an den Lehrerinnenstreik vom 3. Februar 1959 im Eingangsbereich des Gymnasiums Leonhard.

Bei der Steinenschanze gehen wir ein paar Schritte zurück und biegen rechterhand in die Kanonengasse ein. Schon nach wenigen Metern erreichen wir das Gymnasium Leonhard. In den alten, klassizistischen Teil des eindrücklichen Baus am Kohlenberg zog 1884 die Töchterschule ein, die um die Jahrhundertwende in Basel die erste Schule war, in der Mädchen die Matura machen konnten. 1929 wurde die Institution in Mädchengymnasium umbenannt.

Wenn wir vorne beim Kohlenberg durch den Haupteingang in das Gymnasium eintreten, entdecken wir gleich rechts im Eingangsbereich Bettina Eichins Erinnerungstafel an den Lehrerinnenstreik vom 3. Februar 1959. Am 1. Februar war die Einführung des Frauenstimmrechts von den Schweizer Männern mit 66 Prozent zum wiederholten Male abgelehnt worden. Das rief die empörten Lehrerinnen des Mädchengymnasiums auf den Plan, die zwei Tage später streikten und ihre Schülerinnen nach Hause schickten. Den Brief, den die Konrektorin Lotti Genner wegen «der neuerlichen Missachtung un-

In diesem Haus am Heuberg lebte Iris von Roten.

Am Andreasplatz.

Blick vom Imbergässlein Richtung Rathaus.

seres staatsbürgerlichen Rechtsanspruches» an den Rektor schickte, können wir im Gang zur Kanonengasse hin im zweiten Stock des Gymnasiums begutachten – er hängt dort, zusammen mit anderen Zeitdokumenten, auf einer Schautafel an der Wand. Der Lehrerinnenstreik von 1959 warf schweizweit hohe Wellen und löste heftige Diskussionen aus.

Interessanterweise waren damals nicht nur die Schüler, sondern auch die Lehrpersonen getrennt: Es gab ein Lehrer- und ein separates Lehrerinnenzimmer. Irrwitzig auch, dass noch bis in die 60er-Jahre ein Lehrerinnenzölibat bestand: Eine Lehrerin durfte nicht heiraten. Machte sie es doch, verlor sie ihren Job.

1968 wurde die Schule auch für Jungen geöffnet und in Kohlenberg- und Holbein-Gymnasium umbenannt. Wer das Glück hatte, dort in die Schule zu gehen, wird an den Fenstern des Gymnasiums noch dieselben orangen, schwer zu handhabenden Sonnenstoren wie vor fünfzig Jahren entdecken. Beim Ausgang wartet vielsagend die Skulptur des drachentötenden Ritters Georg auf uns. Wir wenden uns nach links, schlendern den Kohlenberg entlang und gelangen via Leonhardskirchplatz zum Heuberg. Dort, in Haus Nummer 12, «zum obern Aarau», lebte die Juristin, Journalistin und Autorin Iris von Roten. Mit ihrem Buch «Frauen im Laufgitter» löste sie 1958 einen beispiellosen Skandal aus. Sie forderte nicht nur politische Gleichberechtigung, sondern auch wirtschaftliche Unabhängigkeit und sexuelle Freiheit für Frauen. Sie wollte Krippen und Horte, damit Frauen voll berufstätig sein konnten, und hinterfragte die klassische Rolle der Frau als Mutter und Hausfrau. Damit war sie ihrer Zeit weit voraus. Von den männerdominierten Medien der 50er-Jahre wurde das Buch entrüstet verrissen. In den konservativen Fünfzigern konnte eine Mehrheit mit solchem Gedankengut gar nichts anfangen. Ein Jahr nach ihrem Freitod 1990 wurde «Frauen im Laufgitter» neu aufgelegt und zu einem Riesenerfolg. Erst jetzt wurde die Brillanz ihrer Analyse erkannt, erst jetzt wurde ersichtlich, dass Iris von Roten in einem Atemzug mit Simone de Beauvoir zu nennen ist.

Vom «obern Aarau» spazieren wir weiter zum Spalenberg, machen ein paar Schritte nach unten und biegen dann links in den Nadelberg ein. Nach gut hundert Metern stehen wir vor den Stufen des Imbergässleins, das steil nach unten abzweigt. Von hier haben wir einen schönen Blick auf den roten Rathausturm, zu dem sich nun, Alt und Neu vereint, der Roche-Turm gesellt. Wir passieren das Schau-

Amazone von Carl Burckhardt bei der Mittleren Brücke.

Gedenktafel für Ita Wegmann am Blumenrain.

fenster des Hoosesaggmuseums und nehmen beim Pfeffergässlein links den Durchgang zum Andreasplatz. Hier bei Haus Nr. 15 befand sich während mehrerer Jahrhunderte die Frauenbadestube – eine Art Spa und zugleich ein Ort der Geselligkeit, wo sich Frauen aus allen Schichten über alles Mögliche austauschen konnten. Bis zum Basler Konzil von 1431 wurden die Badestuben von Frauen und Männern gemeinsam benutzt. Als die Kardinäle, die in Basel tagten, Anstoss daran nahmen, wurden die Bäder nach Geschlechtern getrennt. In der Folge badeten die Frauen vierhundert Jahre lang am Andreasplatz – nicht zuletzt auch deshalb, weil es in den Privathäusern lange kein fliessendes Wasser gab. Mit dem Tod der letzten Besitzerin der Frauenbadestube, Ursula Zeller-Zwilchenbart, wurde der Betrieb im ersten Viertel des 19. Jahrhunderts eingestellt.

Reizvoll am Andreasplatz sind nicht nur die gemütlichen Cafés, sondern auch der Brunnen mit dem bekleideten und Trauben naschenden Affen sowie die «gespiegelte Sonne» an der Hausmauer der «Hasenburg», mit einem Zitat des Künstlers Dieter Roth: «... freuen Sie sich doch, dass Ihnen die Sonne immer noch scheint.»

Über Schneidergasse, Stadthausgasse und Fischmarkt gelangen wir zur Schifflände. Neben dem Café

Bachmann, beim Blumenrain 1, entdecken wir eine Gedenktafel für Ita Wegman, die hier in den 20er-Jahren des letzten Jahrhunderts eine Frauenarztpraxis betrieb. In Berlin hatte sie Rudolf Steiner kennengelernt und war ihm 1920 nach Basel gefolgt, um mit ihm die anthroposophische Heilkunst nach geisteswissenschaftlichen Erkenntnissen zu entwickeln. Ita Wegman erbaute nicht nur eine anthroposophische Klinik in Arlesheim, die bis heute existiert, sondern gründete auch eine Firma zur Heilmittelfabrikation: die Weleda AG. Mit Vorträgen und rund 20 von ihr gegründeten Institutionen verbreitete sie die Idee einer ganzheitlichen Medizin in aller Welt.

Vom Blumenrain schlendern wir zur Mittleren Brücke, wo uns eine elegante Amazone mit Pferd empfängt. Es ist die letzte, erst nach seinem Tod 1926 ausgeführte Bronzeplastik des Bildhauers Carl Burckhardt, der auch den Ritter Georg am Kohlenberg geschaffen hat. Frau und Pferd strömen viel Energie und Dynamik aus, was Burckhardt gekonnt zum Ausdruck bringt. Das Paar zeugt von seiner intensiven Beschäftigung mit Rodin und der bewegten Skulptur. Zugleich strahlt die junge, selbstbewusste Amazone mit dem tänzelnden Pferd auch eine grosse Ruhe aus – ein Meisterwerk, das zeitlos wirkt, freilich modern anmutet und ein Momentum unserer Zeit erstaunlich gut einfängt.

«Helvetia auf der Reise» von Bettina Eichin auf der Kleinbasler Seite der Mittleren Brücke.

Auf der anderen Seite der Mittleren Brücke treffen wir auf Bettina Eichins Skulptur «Helvetia auf der Reise» aus dem Jahre 1980. Die Künstlerin hat die allegorische Frauenfigur aus der Prägung des Zweifrankenstücks und somit des

Geldes befreit. Die Repräsentantin der Schweiz ist aus Münzen und Marken ausgestiegen und hat genug vom Repräsentieren. Sie ist unterwegs, macht Pause, hat Speer, Schild und Koffer abgelegt und schaut von der markanten Brüstung müde und gedankenversunken rheinabwärts. Was sie dabei wohl sieht und denkt? Da lässt sich vieles hinein- und herauslesen.

Ein paar Schritte weiter können wir uns bei der Rheingasse von Tram oder Bus nach Hause bringen lassen – oder noch ein bisschen in eines der lauschigen Cafés an der Rheinpromenade sitzen und darüber sinnieren, warum Gender in unserer Zeit so wichtig geworden ist und was es mit der neuen «Genderfluidität», dem Verfliessen der Geschlechter, auf sich hat. Dass wir dazu durch das Wild Maa-Gässli gehen müssen, ist dabei ein stimmiger Abschluss unseres Spaziergangs.

Fundstück
Diese Fledermaus flatterte beim oberen, hinteren Teil des Andreasplatzes an einem dünnen Faden durch die Lüfte, unmittelbar nach dem Durchgang, der vom Imbergasslein zum Andreasplatz führt.

Mundstück
Anmächelige Vermicelles in der stets gut frequentierten Filiale der Confiserie Bachmann an der Schifflände.

🔴3 Sevogel-Slalom

Vom Sevogelplatz schlängeln wir uns in einem beschwingten Slalom durch die Querstrassen, die zwischen der Hardstrasse und der Engelgasse verlaufen. Dabei entdecken wir prächtige Villen, Palais und Häuser der Jahrhundertwende, die unsere Träume wecken, bevor wir beim Karl Barth-Platz wieder in der Realität ankommen.

Infos
Anfahrt Mit Tram 14 zum Sevogelplatz. **Route** Sevogelplatz – Sevogelstrasse – Engelgasse – Angensteinerstrasse – Hardstrasse – Grellingerstrasse – Engelgasse – Hirzbodenweg – Hardstrasse – Wartenbergstrasse – Engelgasse – St. Alban-Ring – Karl Barth-Platz. **Dauer** 30 Min. **Einkehr** Café Sutter Begg, Mo–Fr geöffnet 6.30–18.30 Uhr, Sa 7–13 Uhr. www.sutterbegg.ch. **Rückfahrt** Mit Tram 14 oder Bus 37 ab Karl Barth-Platz zurück in die Stadt.

«Zum König David», 1889 von Rudolf Friedrich erbaut.

Der Sevogelplatz hat seinen Namen nicht von einem am Meer lebenden Vogel, der seine Nahrung im Wasser findet, sondern von Henman Sevogel, einem Basler Ratsherrn aus dem 15. Jahrhundert. Der bürgerliche Emporkömmling hatte, um Einfluss und Status zu gewinnen, die Adelige Margaretha Anna von Eptingen geheiratet, fiel aber 1444 bei der Schlacht von St. Jakob. 1861 wurde die Sevogelstrasse nach ihm benannt, 1919 der Sevogelplatz.

Wir spazieren gegen Südwesten in die Sevogelstrasse und entdecken sogleich das rote, barock inspirierte Sandsteinhaus Nr. 51, in dem sich die Sevogel-Apotheke befindet. In diesem 1896 von Adolf Visscher van Gaasbeek gebauten Haus mit den hübschen Arkaden und den schmiedeeisernen Fenstergittern lässt es sich gewiss gediegen leben. Auch Nr. 53 ist überaus ansehnlich und vom selben Architekten, der übrigens auch die Safranzunft und die Wohnhäuser an der Pilgerstrasse errichtet hat. Die Häuser auf der gegenüberliegenden Seite der Strasse schauen wir lieber nicht an – zu heftig ist der Gegensatz zu den beiden Bijous.

Wir passieren das Sevogelschulhaus und gelangen zu Nr. 69, dem eigenwilligen Einfamilienhaus «Zum König David». Der 1889 von Rudolf Friedrich erstellte Bau fällt zum einen durch seine klassizistische Strenge, zum anderen durch die schwungvoll auf die Fassade gemalten Musiker und Sänger auf. Auch in diesem Haus lässt es sich, so scheint uns, ganz gut leben. Beeindruckend ist wenige Meter weiter das grosszügige Elf-Zimmer-Backsteinhaus Nr. 79 von Vischer & Fueter – der Bau ist wunderbar farbig, hat fast etwas Flämisches, weckt Neugier und Träume: Wie toll muss es erst innen sein!

Bei der Engelgasse gehen wir links um die Ecke und biegen nach ein paar Schritten in die Angensteinerstrasse ein. Hier hat es etwas einfachere, aber nicht minder schöne alte Häuser – ob von Efeu überwuchert, mit üppigen Gartenveranden oder feldschlösschenmässig verspielt, wir würden jedes nehmen!

In der Hardstrasse gehts nach rechts und wir drücken beide Augen zu – der Abstieg nach so viel Schönheit ist brutal. Bei der nächsten Kreuzung steuern wir nach rechts in die Grellingerstrasse und fühlen uns wieder wohl beim Villenwedeln. Hier gefällt uns besonders die Doppelvilla Nr. 75/77 mit ihrer eigenwilligen Mischung aus Backstein und Holz, den neckischen Türmchen und dem zu erahnenden zauberhaften Garten. Historismus, aber wie gemacht, um darin ein hochmodernes Buch zu schreiben.

Das nächste Haus kommentieren wir nicht, da verschlägt es uns die Sprache. Wieder in der Engelgasse gehts nach links, an der noblen Pforte der Ecole Française de Bâle vorbei gelangen wir in den Hirzbodenweg – eine Strasse voller Trouvaillen. Dabei sticht vor allem Haus Nr. 95 ins Auge – wie ein Schloss wirkt es fast, dieses für Karl Füglistaller erstellte, weiss-grün-gelbe Schmuckstück, das 1901 von Suter & Burckhardt gebaut wurde. Aber auch der Rest der Strasse lässt sich sehen, eine Villenkolonie und Reiheneinfamilienhäuser von Rudolf Linder und Adolf Visscher van Gaasbeek beglücken den Betrachter.

Elf-Zimmer-Backsteinhaus von Vischer & Fueter.

Fast wie ein Schloss: Für Karl Füglistaller 1901 erstelltes Schmuckstück am Hirzbodenweg.

Bei der Hardstrasse machen wir wieder kurz die Augen zu und flanieren dann rechts durch die Wartenbergstrasse. Hier, so der erste Augenschein, würden wir jedes Haus mit Hochgenuss bewohnen, alle haben sie Stil, Charme und Klasse.

Ein letzter Schwung und wir erreichen durch die Engelgasse den St. Alban-Ring. Im Nu erreichen wir den Karl Barth-Platz, in dessen Nähe wir beim Sutter Begg einkehren, bevor wir die schwierige Entscheidung treffen müssen, in welche der Villen wir denn nun einziehen wollen.

Fundstück
Auf dieses herzige, offenbar zur Begrüssung freudig trompetende Elefäntlein stiessen wir im Vorgarten der Liegenschaft an der Grellingerstrasse 61.

Mundstück
Diese Nussbrezel stach uns in der Auslage des Sutter Begg am St. Alban-Ring 211 besonders ins Auge – eine gute Wahl, wie sich ein paar Bissen später herausstellen sollte.

4 Hin- und hergerichtet

Beim Aeschenplatz brechen wir Richtung St. Alban auf, schnuppern dort in wenig bekannten Winkeln, flanieren flussaufwärts unter Maschinengewehrständen zum lauschigen Rheinbad Breite, weiter zum idyllischen Gellertgut, zum früheren Galgenhügel und von da zum Karl Barth-Platz.

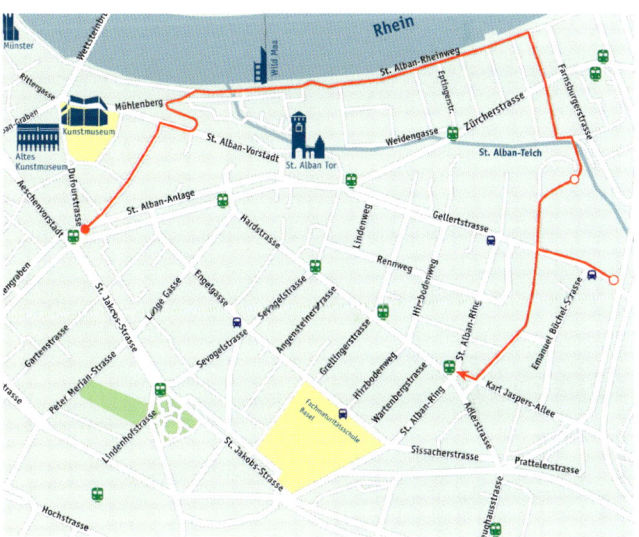

Infos
Anfahrt Mit Tram 3, 8, 10, 11, 14, 15 oder Bus 80, 81 zum Aeschenplatz.
Route Aeschenplatz – Malzgasse – St. Alban-Vorstadt – Castellioweglein – St. Alban-Kirchrain – Mühlenberg – Rheinuferweg St. Alban-Rheinweg – Rheinbad Breite/Le Rhin Bleu – Homburgerstrasse – Lehenmattstrasse – Burckhardt-Park/Gellertgut – Gellertstrasse – Galgenhügel – Gellertstrasse – Gellertweglein – Urs Graf-Strasse – Karl Barth-Platz. **Dauer** 1,5 Std. **Einkehr** In der warmen Jahreszeit im «Le Rhin Bleu» beim Rheinbad Breite, Restaurant geöffnet 11.30–14 Uhr und 18–23.30 Uhr, Bar geöffnet Mo–Fr 13–23.30 Uhr (je nach Witterung), Sa und So ab 11 Uhr. www.lerhinbleu.ch. Sonst im Gasthof zum Goldenen Sternen, www.sternen-basel.ch. **Rückfahrt** Ab Karl Barth-Platz mit Tram 14, Bus 37.

Beim Aeschenplatz gibts allerhand zu sehen: nicht nur den Hammering Man von Jonathan Borofsky, der seinen Hammer seit 1989 niedersausen lässt, oder die kleine grüne Kuppel auf dem Dach des Gebäudes der Basler Zeitung, von der man eine prächtige Fernsicht haben muss, sondern auch das alte Tramhäuschen der Architekten Kelterborn, dessen halbrunder Pavillon mit vegetabilen Jugendstil-Elementen von einer anderen Zeit kündet.

Nachdem wir uns umgesehen haben, gehts durch die Malzgasse Richtung St. Alban. Die Gasse hat ihren Namen nicht vom Brauen oder Schnapsbrennen, hier hausten früher die Aussätzigen, die an der Malenzei, der Lepra, erkrankt waren. Das Siechenhaus war ein Leprosorium des Klosters St. Alban – aus Angst vor Ansteckung wurden die Kranken an den Rand der Stadt verbannt.

In der St. Alban-Vorstadt gehen wir rund fünfzig Meter nach links und stossen dort auf ein Basler Dybli, einen der sechs vom Architekten Melchior Berri 1843 entworfenen gusseisernen Briefkästen, die immer noch in Betrieb sind. Nachdem wir unsere Briefe eingeworfen haben, gehen wir zurück Richtung St. Alban-Tor. Am stattlichen Anwesen der Oeris vorbei gelangen wir zum Sammler- oder König Davids-Brunnen. Hier führt ein Durchgang in das Castellioweglein, einen schattigen, kaum begangenen Treppenweg hinunter zur St. Alban-Kirche.

Sebastian Castellio war ein Humanist und Verfechter religiöser Toleranz, der sich gegen den unnachgiebigen Calvin gestellt hatte. Calvins verbissene Verfolgung von Kritikern seiner Lehre bis hin zu Verbannung und Hinrichtung kritisierte Castellio aufs Schärfste, was ihn selber zum Ziel

Die kleine grüne Kuppel auf dem Dach des Gebäudes der Basler Zeitung.

Dunkle Gestalten beim Castellioweglein.

einer Anklage machte. Sein früher Tod rettete ihn vor einer möglichen Verurteilung.

Traubenranken und Graffiti begleiten uns auf dem Weglein, dazu zwei geheimnisvolle schwarze Gestalten auf einer Hausmauer, die halb hinter einem Tännchen verborgen zu uns hinüberschielen. Unten schweifen wir nach links und spazieren durch die uralten Gräberreihen des St. Alban-Kirchhofs – einer der stillsten und beschaulichsten Orte der Stadt. Hier ruhen Burckhardts, Stehlins, Hoffmanns und Berris, vor allem aber ist hier ein Ort der Kontemplation und des In-sich-Gehens.

Über den Mühlenberg erreichen wir den St. Alban-Rheinweg und erreichen über eine Treppe den Uferweg ganz unten am Fluss. Über diesen schlendern wir an diversen Fischerhäuschen mit Galgen und der St. Alban-Fähre vorbei zur Letzischanze. In dem 1911 erbauten Terrassengemäuer verbergen sich zwei Maschinengewehrstände – einer im Westen, einer im Osten –, die aus Furcht vor einem Einmarsch der deutschen Wehrmacht im Zweiten Weltkrieg eingerichtet wurden. Metallplatten verdecken die beiden Geschützstände, viel ist davon nicht mehr zu sehen, wo die Aktivdienstler ihre Gewehre auf das andere Ufer richteten.

Die anschliessende Hundebadezone vertreibt die Gedanken an die

Auf dem Uferweg beim St. Alban-Rheinweg.

finstere Vergangenheit. Schon bald sind wir im Rheinbad Breite, wo sich eine Rast im «Le Rhin Bleu» lohnt – eine tolle Aussicht hat man hier auf den Rhein und den Roche-Turm, dazu Aussicht auf schön hergerichtete Speisen.

Nach dem Zwischenhalt biegen wir in die Homburgerstrasse ein und folgen ihr bis zur Lehenmattstrasse. Dort schlendern wir nach links dem Dalbedyych entlang bis zum Aufgang zum Gellertgut. Der idyllische Park mit seinen Wegen und Villen ist eine Oase der Ruhe. Mit ein wenig Glück erhaschen wir das schönste versteckte Plätzchen zum Verweilen.

Über die Allee und an der herrschaftlichen Villa des Europa-Instituts vorbei gehts weiter zur Gellertstrasse. Wir machen einen Abstecher nach links, rund zweihundert Meter, bis zur Brücke, die über die Auto- und die Eisenbahn führt. Linkerhand stossen wir vor der Brücke auf ein Dreieck mit drei Linden – einen ehemaligen Galgenhügel, wo man, ganz nach Calvins Gusto, Leute hingerichtet hat. Ist vom mörderischen Tun noch etwas zu spüren? Auto- und Eisenbahn sind zu laut, um sich

Im Gellertgut, dem traumhaft schönen Burckhardt-Park.

Die ehemalige Richtstätte im Gellert.

wirklich dem Ort aussetzen zu können. Aber dass das Gellert mal ein wenig vornehmes Randgebiet war, wo man einen Richtplatz ansiedelte, ist doch bemerkenswert.

Nach dem Abstecher gehen wir denselben Weg zurück, bis zu der Stelle, wo wir aus dem Burckhardt-Park kamen. In Verlängerung der Parkallee nehmen wir nun das Gellertweglein, um zwischen Bäumen und Blöcken zur Gellertkirche zu gelangen, und von da über die Urs Graf-Strasse unser Ziel, den Karl Barth-Platz zu erreichen.

Mundstück

Diese göttliche Aprikosenwähe haben wir uns im «Le Rhin Bleu» im Rheinbad Breite bei herrlicher Aussicht und mediterranem Flair zu Munde geführt – genau in der Mitte unseres Spaziergangs durch das St. Alban- und das Gellertquartier.

Fundstück

Dieser Berri-Briefkasten – es gibt in der Stadt nur deren sechs – befindet sich in der St. Alban-Vorstadt und ist immer noch in Betrieb. Der Architekt Melchior Berri entwarf 1843 die Briefkästen «Basler Dybli», die in München gegossen wurden und deren Motiv auch für die weltberühmte Zweieinhalb-Rappenmarke Verwendung fand, der ersten mehrfarbigen Briefmarke der Welt.

In der Stadt   Damhirsche am Dyych 37

🔴 5 Damhirsche am Dyych

Der Spazierweg dem Dalbedyych entlang ist reizvoll und abwechslungsreich, führt vom Heiligtum der fussballverrückten Stadt zu den Damhirschen im Schwarzpark und weiter ins idyllische St. Alban-Tal.

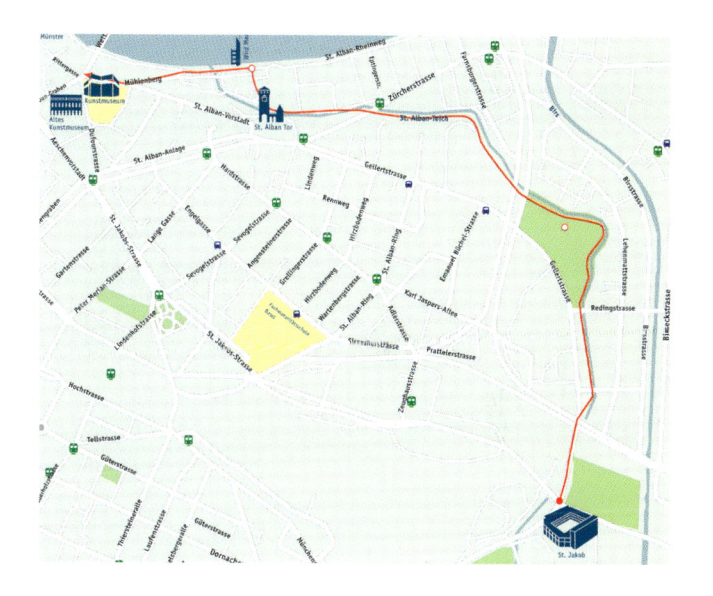

Info
Anfahrt Mit dem 14er-Tram oder Bus 36 zur Haltestelle St. Jakob. **Route** St. Jakob – Gellertstrasse – St. Alban-Teich – Schwarzpark – Lehenmattstrasse – Zürcherstrasse – Weidengasse – St. Alban-Tal – St. Alban-Rheinweg – Mühlenberg – St. Alban-Vorstadt – Kunstmuseum. **Dauer** 1 Std. 15 Min. **Einkehr** Restaurant Papiermühle (Di–Fr 11.30–18 Uhr, So 10–18 Uhr). www.papiermuehle.ch.
Rückfahrt Ab Haltestelle Kunstmuseum mit dem Tram in alle Richtungen.

Damhirsche im Schwarzpark.

Von der Tramhaltestelle St. Jakob spazieren wir zum Tempel des FC Basel, dem St. Jakob-Park, folgen der Westseite des Stadions, wo wir einen Blick auf den heiligen Rasen werfen und mit etwas Glück erhaschen können, wie er mit Licht und Heizgeräten gehätschelt wird. Durch einen langen, leicht unangenehmen Velo- und Fussgängertunnel gelangen wir unter Eisen- und Autobahn zum St. Alban-Teich, wo sich neben Bachforellen und Lachsen auch Karpfen, Äschen und Barben tummeln – leider sehen wir von all der Fischpracht nichts, dafür jede Menge prächtiger Enten. Allenthalben putzen sich die glänzenden Erpel am Ufer, ölen ihr Gefieder mit dem Sekret ihrer Bürzeldrüse ein, schwimmen gegen die Strömung des Wasserlaufs an, gründeln und geraten mit anderen in Zwist über Krebse und Insekten.

Weiter gehts auf einem asphaltierten Weglein erst links, dann rechts dem Dyych entlang durch das Lehenmatt-Quartier. Über einen Holzsteg gelangen wir in den 1862 im Stil eines englischen Landschaftsgartens angelegten Schwarzpark, dessen Name auf den Basler Konsul und Mäzen Fritz Schwarz von Spreckelsen zurückreicht. Da Schwarz ein passionierter Jäger war, liess er in dem alten Privatpark ein Wildgehege errichten. Dieses weitläufige Gehege findet sich heute noch, da die Anlage seit 2014 der Öffentlichkeit zugänglich ist – ein idyllischer Flecken voller äsender, dösender, springender Damhirsche. Besonders eindrücklich sind die gewaltigen Geweihe der Männchen – ein imposanter Kopfschmuck, von dem man sich nicht vorstellen kann, dass es angenehm ist, ihn auf dem Kopf zu tragen, so ausladend und schwer ist das knöcherne Gestell.

Ruhender Damhirsch.

Wir folgen weiter den moosreichen Ufern des Dyychs, unterqueren die A3 und erreichen an einem waldigen Abhang vorbei die Lehenmattund die Zürcherstrasse. Bei Letzterer passieren wir die Tramgeleise, biegen in die Weidengasse ein und flanieren gemütlich den im 12. Jahrhundert zum Betreiben von Getreidemühlen erstellten Kanal entlang, der ursprünglich bei St. Jakob von einem Seitenarm der Birs abgezweigt worden war. Erst im 17. Jahrhundert verlängerte man den Dyych flussaufwärts durch die Brüglinger Ebene und die Neue Welt bis zum Birswehr nach Münchenstein. Über ein Dutzend Wassermühlen säumten zu jener Zeit den Kanal. Seine Energie wurde nicht nur zum Mahlen von Getreide, sondern auch zur Papier- und Seidenbandherstellung genutzt. So konnte sich Basel zu einem Zentrum der Papierherstellung und des Buchdrucks entwickeln, dank diesem wurde es zu einem Hotspot des Humanismus, und so siedelte sich hier die Farbindustrie

Schöne Stimmung am Dalbedyych.

an, aus der später die Chemie hervorging. Ohne den Dyych wäre die Stadt eine völlig andere, es gäbe keinen Roche-Turm auf der anderen Seite des Rheins und eine derart alte Universität gäbe es auch nicht. Was so ein unscheinbarer Wasserlauf alles bewirken kann!

Im St. Alban-Tal trennt sich der Dyych in den Vorderen und den Hinteren Teich – beim vorderen hatten sich in früheren Zeiten Mahlmühlen, beim hinteren die Papierer angesiedelt. Da das Papier unser Brot ist, folgen wir dem Hinteren Teich durch das St. Alban-Tal bis zum Mühlrad des Papiermuseums, das sich immer noch unablässig dreht und einen Eindruck hinterlässt, was im Dalbeloch früher los war. Im Café daneben können wir ein wenig rasten und die herrlichen Kuchen geniessen, bevor wir über den St. Alban-Rheinweg, den Mühlenberg – endlich macht der Name Sinn! – und die St. Alban-Vorstadt zum Kunstmuseum hochkommen, wo uns das Tram in verschiedene Richtungen mitnimmt.

Mundstück
Der Schoggi-Birnen-Nusskuchen des Restaurants Papiermühle stellt alle anderen Schoggi-Birnen-Nusskuchen der Welt in den Schatten.

Fundstück
«Free your Sisters, free your Heart». Neben verschmierten Fisch-Tafeln findet sich dieses interessante Graffito auf den Ufersteinen, die den Dalbedyych säumen.

⑥ Vom Joggeli zum Birsköpfli

Der Weg der Birs entlang ist angenehm federnd, da man meist auf weichem Gras geht. Ein erholsamer, leichter Spaziergang, auf dem nicht nur der Anblick des quirligen Flusses erfrischt.

Info
Anfahrt Mit dem 14er-Tram oder Bus 36 zur Haltestelle St. Jakob. **Route** St. Jakob – St. Jakobs-Strasse Richtung Schänzli – Birsstrasse – der Birs entlang – Birsköpfli – St. Alban-Rheinweg – Cécile Ines Loos-Anlage – Breite. **Dauer** 45 Min.
Einkehr Veranda Pellicanò beim Birsköpfli (geöffnet im Sommer 11–23 Uhr). www.veranda-pellicano.ch. **Rückfahrt** Ab Haltestelle Breite mit Tram 3 oder Bus 36 in alle Richtungen.

Bei St. Jakob spazieren wir der Fassade der sanierten Sporthalle entlang zum Gartenbad und weiter Richtung Schänzli. Kurz vor der Reitanlage überqueren wir linkerhand die Tramgeleise und biegen in die Birsstrasse ein, wo wir gleich zum Uferweg der Birs hinuntersteigen können. Zu Füssen des St. Jakob-Turms gehts nun unter Auto- und Eisenbahn hindurch, die Betonpfeiler der Brücken gänzlich mit Fan-Graffiti des FC Basel koloriert. Nach der «ewigen Liebi» der Muttenzerkurve und der «Ultra Boys» flanieren wir über den brei-

Der Birs entlang.

ten Grasstreifen, der die Birs auf unserer Seite säumt, und freuen uns über die zahlreichen Stromschnellen, die das Wasser quirlig über Stufen und Steine springen lassen. Der Fluss bildet hier bis zum Birsköpfli die Kantonsgrenze zwischen Basel-Stadt und Basel-Landschaft, unser Weg ist also ein Grenzweg, wir befinden uns am äussersten Rand der Stadt.

Auf der landschaftlichen Seite baden zwei junge Frauen in einer sandigen Bucht, Erpel sonnen sich auf einem Felsen zwischen zierlichen Zwergweiden, ein Tennisball hat sich ins Wasser verirrt und dümpelt zwischen Schlingpflanzen. Hündeler spielen mit ihren Fifis, nur der Rettungsring, der etwas abseits in einem blauen Kasten hängt, muss nicht geworfen werden. Schwemmholz vom letzten Hochwasser türmt sich meterhoch zu beiden Seiten des Ufers und wartet darauf, abtransportiert zu werden – die orange gekleideten Arbeiter sind mit einem Kranlastwagen bereits unterwegs.

Es läuft sich gut auf dem weichen Rasenteppich, wir kommen zu einem verlassenen Schwanennest, unterwandern die Redingbrücke, oben hält der 36er am Forellenweg. Fische sehen wir keine und Fischer auch nicht, nur immer wieder Sonnenbadende, die auf der ruhigeren Baselländer Seite ein stilles Plätzchen gefunden haben. Der Fluss neigt sich nun in einer sanften Biegung nach links. Genau in der Verlängerung unseres Weges taucht unversehens die Pyramide des Roche-Turmes auf, was uns schon beim Spaziergang am Alten Teich in Riehen passiert ist und vermutlich bei jedem Spaziergang in und um Basel passiert. Unter dem Birssteg hindurch eilen wir weiter, halten auf den Nasenweg zu, dessen Name nicht auf das Geruchsorgan zurückgeht, sondern auf den bis zu zwei Kilo schweren Fisch, der zu den Karpfenfischen gehört. Die Nase ist heute leider vom Aussterben bedroht, es laichen nur noch vereinzelte Exemplare in der Birsmündung ab.

Früher war das anders – um 1840 wurden noch 100 000 Nasen in der Birs gefangen, die Ankunft der Laichschwärme wurde mit der Sturmglocke angekündigt, so dass die Fischer Bescheid wussten. Die Nasen standen dabei so dicht, dass man die Birs auf ihren Rücken trockenen Fusses überqueren konnte.

Beim Nasenweg windet sich die Birs sachte nach rechts, und wir erreichen auf dem Birskopfweglein an Schrebergärten und einem Kinderbecken vorbei die «Veranda Pellicanò», wo wir rasten und uns stärken können. Nach einer Pause sehen wir uns beim Birsköpfli noch ein wenig um, wie einige Unverzagte ins Wasser springen und andere sich sonnen, bevor wir unter der Schwarzwaldbrücke zum St. Alban-Rheinweg weiterspazieren und schliesslich durch die Cécile Ines Loos-Anlage zur Haltestelle Breite gelangen, von wo uns Tram und Bus wieder nach Hause bringen.

Mundstück
Ein frisches kühles Bier im Strandhaus auf der «Veranda Pellicanò» muntert die müden Waden wieder auf.

Fundstück
Ganz zufrieden sieht dieser FCB-Fan nicht aus. Ob es mit den Resultaten der neuen Saison zu tun hat?

7 Abenteuerlicher Kettenweg

Ein abenteuerlicher Spaziergang vom Kunstmuseum ins St. Alban, von da auf einem mit Ketten gesicherten Weg unter der Wettsteinbrücke hindurch zum Fähribödeli, zur Pfalz, zum Garten der Alten Universität und zur Schifflände. Nur möglich, wenn man trittsicher ist (Rutschgefahr!) und wenn der Rhein nicht zu viel Wasser führt.

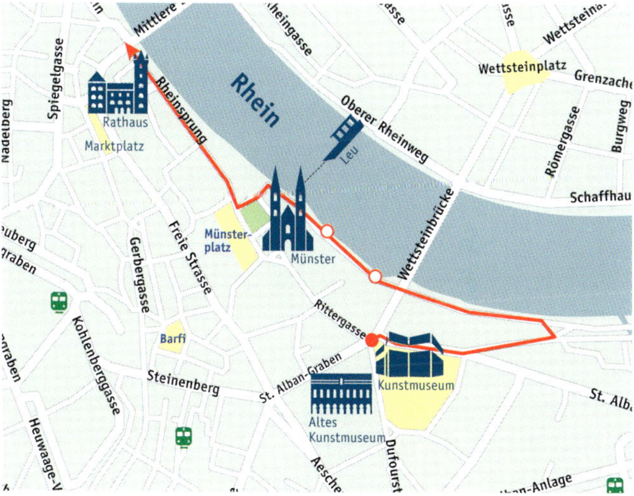

Info

Anfahrt Mit Tram 2 oder 15 zum Kunstmuseum. **Route** Kunstmuseum – St. Alban-Vorstadt – St. Alban-Rheinweg – Kettenweg – Fähribödeli – Pfalz – Münsterplatz – Augustinergasse – Rheinsprung – Garten der Alten Universität – Schifflände. **Dauer** 1 Std. **Einkehr** Restaurant Isaak, Münsterplatz, geöffnet 11–23.30 Uhr, Ferry Tales, Rheinsprung 4, geöffnet Mo–Fr, 8–18 Uhr, Sa 10–17 Uhr. www.zum-isaak.ch, www.ferrytales.ch. **Öffnungszeiten Garten der Alten Universität** April–Sept. 8–20 Uhr, Okt.–März 8–17 Uhr. **Rückfahrt** Ab Schifflände mit Tram und Bus in alle Richtungen.

Beim Kunstmuseum biegen wir in die schmucke St. Alban-Vorstadt ein, wo sich eine Reihe Stiftungen einquartiert hat. Wir passieren schöne alte Bauten mit launigen Namen wie «Zum Sausewind» oder «Zum Geist» – letzteres ein erkergeschmücktes mittelalterliches Haus, das in eine barockisierende Fassade eingekleidet ist. Bei der Vorstadtgesellschaft «Zum Hohen Dolder» erreichen wir den Platz mit der Linde und dem aus der zweiten Hälfte des 18. Jahrhunderts stammenden Schöneck-Brunnen, dessen mächtiger Kalksteintrog sommers zum Baden einlädt.

Nachdem wir uns bei der schönen Ecke umgesehen haben, steigen wir den Mühlenberg hinunter, wo früher Mühlen standen. Bei der ersten Gelegenheit biegen wir nach links und erreichen durch die kleine Parkanlage den St. Alban-Rheinweg, dem wir Richtung Wettsteinbrücke entlangschlendern. Von hier unten wirken die Häuser oben in der Vorstadt wie Burgen oder feudale Paläste.

Wir flanieren unter der Brücke durch, nehmen die paar Stufen zum Rhein hinunter und finden uns auf einem kettengesicherten Steg wieder, den wir nur begehen können, wenn der Rhein nicht viel Wasser hat. Rutschfeste Schuhe sind hier von Vorteil, da an einigen Stellen Wasser über den Steg sickert und einige Partien glitschig sind. Aber es ist wunderschön hier unten bei der alten Rheinmauer, man ist ein bisschen versteckt, es hat keine Leute und man hat einen speziellen Blick auf den türkisfarbenen Strom.

Unterhalb der Pfalz.

Durch ein Tor gelangen wir über Stufen hoch zum Fähribödeli unterhalb der Pfalz. Wir passieren die Anlegestelle der Münsterfähre, deren Glocke, anders als die der Ueli-Fähre, nicht mit einem Schloss gesichert ist – ob das etwas zu bedeuten hat?

Bevor es auf der Treppe hoch zur Pfalz geht, entdecken wir auf dem Kopfsteinpflaster ein angekettetes Schiffchen, auf dem sich, dicht gedrängt, farbige Figuren tummeln. Oben auf der Pfalz dann haben wir einen herrlichen Blick auf den Rhein.

Über den Münsterplatz gelangen wir in die Augustinergasse, wo wir wieder an einer Reihe bezaubernder alter Häuser mit klangvollen Namen vorbeikommen – «zem guldin critz» heisst eines von 1486, oder «Zem Sunnenluft» ein anderes, in dem Sebastian Brant, der Verfasser des «Narrenschiffs», wohnte. Das «Narrenschiff» war, auch wegen der eingestreuten Sprichwörter und Holzschnitte, der erste deutschsprachige Bestseller. Nicht unweit der «Sunnenluft» grüsst ein wackeliges Skelett vor dem Eingang des Naturhistorischen Museums.

Der Augustiner-Brunnen in der Augustinergasse.

Vorbei am Augustiner-Brunnen – hier haben wir einen hübschen Blick zurück zum Münster – gelangen wir zur Terrasse des Rheinsprungs. Beim Blauen Haus führen Sandsteinstufen steil hinunter in den Garten der Alten Universität – dem ersten Botanischen Garten der Schweiz, der den Ärzten im 16. Jahrhundert zum Pflanzenstudium und zur Herstellung von Heilmitteln diente. Es ist ein lau-

Auf dem Kettenweg.

schiger Terrassengarten, in dem wir wieder fast ganz für uns alleine sind. Unter einem uralten knorrigen Kornelkirschenbaum lässt es sich gemütlich sitzen und aufs Kleinbasel schauen, wir können uns auch in einen Lärchenholzpavillon setzen und die Farbe des Wassers geniessen oder weiter nach unten gehen, wo sich hinter einem in die Mauer eingelassenen Türchen ein Stollen befindet, der direkt zum Blauen Haus führt. Das Türchen ist verschlossen, aber es weckt die Neugier.

Wieder oben setzen wir am Rheinsprung unseren Weg Richtung Schifflände fort. Wir passieren

Der Kettenweg der Mauer entlang.

Samuel Buris Gemälde «Die Gänseliesel» von 1978 – Gerüst, Pinsel und Farbtöpfe als Trompe-l'œil gemalt, auf einer fensterlosen Wand, hinter der früher Daunen gestopft wurden. Linkerhand entdecken wir das noch junge Fährilädeli «Ferry Tales», das uns mit einem ganz besonderen Leckerbissen verwöhnt. Danach sind es nur noch ein paar wenige Schritte, bis uns Tram oder Bus wieder in unseren Alltag zurückfahren.

Mundstück
Mundet himmlisch: Diese zuckerfreie Apfel-Sesam Energie-Kugel mit Haferflocken, Honig, Datteln, Mandeln, getrockneten Äpfeln, Apfelsaft, Sesam und einem Johannisbeerzweig, die auf einem Papierschiffchen serviert wird, ist nicht nur zum Anschauen ein Gedicht. Entdeckt im «Ferry Tales», dem Fährilädeli am Rheinsprung 4.

Fundstück
Dieses angekettete Schiffchen mit farbigen Figuren findet sich auf dem Fähribödeli unterhalb der Pfalz.

8 Auf der Suche nach dem verlorenen Ufer

Ein Spaziergang von der Schifflände zur Dreirosenbrücke, immer dem Grossbasler Ufer entlang, scheinbar unspektakulär, aber mit reizvollen Wegmarken und einer Madeleine, welche die Erinnerung weckt.

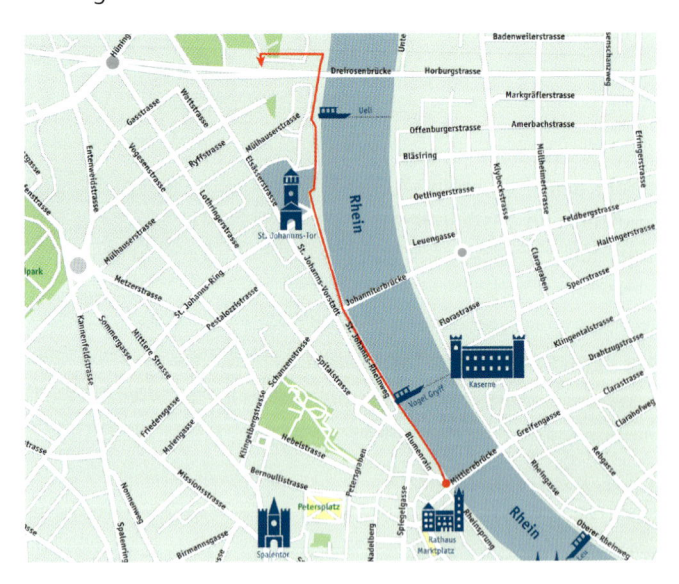

Info
Anfahrt Mit dem Tram oder Bus zur Schifflände. **Route** Schifflände – Tauzieher – Drei König-Weglein – Klingental-Fähre – Uferweg beim St. Johanns-Rheinweg – Johanniterbrücke – St. Johanns-Rheinweg – Uferweg – Saint-Louis Buvette – Ueli-Fähre – Dreirosenbrücke – Haltestelle Novartis Campus. **Dauer** 1 Std.
Einkehr Saint-Louis Buvette, bei gutem Wetter täglich geöffnet 11–23 Uhr. Roots, Di–Fr geöffnet 11.30–14 Uhr, 18–24 Uhr, Sa 8–24 Uhr. www.saintlouis-buvette.ch/ www.roots-basel.ch. **Rückfahrt** Ab Haltestelle Novartis Campus mit Tram 1 ins Klein- oder Grossbasel.

Bei der Schifflände steigen wir die Treppe zur Anlegestelle hinunter, und noch bevor wir sie erreichen, stehen wir vor Max Uehlingers Relief «Der Tauzieher». Als er Ende der 20er-Jahre angebracht wurde, schied der kraftvolle nackte Mann die Geister: die NZZ war gar nicht angetan, das Relief werde sich der Mauer kaum organisch und glücklich eingliedern. Die «Arbeiter Zeitung» hingegen bejubelte den Mut des sonst so unpopulären Kunstkredits, ein solches Werk schaffen zu lassen. Wir befinden uns da, wo früher die Schiffsleute ihr Zunfthaus hatten und Lastkähne beluden oder löschten. Darum macht «Der Tauzieher» an der Stelle durchaus Sinn – für ihn ist das Tauziehen ein Kinderspiel, er strotzt vor Kraft. Ist er wirklich gemeisselt oder aus Fleisch und Blut? Sein muskulöser Körper scheint lebendig zu sein, seine Haut weich und sanft.

Wir passieren die düstere stinkende Tunnelmündung des Birsig und die Rückseite des Hotels Trois Rois und staunen, wie Luxus und Kloake unmittelbar nebeneinanderliegen – im Leben gehört offenbar alles zusammen, die Extreme sind nur ein paar Schritte voneinander entfernt. Wir gehen weiter auf dem Drei König-Weglein und kommen zum Vierten König, passieren

Blütenpracht am Grossbasler Ufer.

die alten Häuser mit ihren schönen farbigen Holzbalkonen, flanieren an herrlich blühenden Malven und Rosen vorbei, während von der anderen Seite die Kaserne grüsst.

Bei der Klingentalfähre gehen wir die Treppe hinunter, um wieder direkt am Wasser zu sein, und folgen dem Ufer, wo das Feuerlöschboot schaukelt und vergessene Fischergalgen ihre Arme ausstrecken. Strahlend gelb und rot blühende Wildblumen säumen das Bord zwischen dem Ufer und dem St. Johanns-Rheinweg, wo ein alter Laternenpfahl für einen Augenblick die Vergangenheit aufleben lässt. Unter der Johanniterbrücke müssen wir die Stufen hoch, weil das Rhybadhysli Santihans den Uferweg verbaut, nach dem Badhäuschen können wir aber gleich wieder ans Wasser. Eine Eidechse eidechselt über die felsige Böschung, Spatzen hüpfen uns vor die Füsse, während wir zur Anlegestelle der Kreuzfahrtschiffe gelangen. Hier lohnt es sich, rasch hochzugehen, in der Buvette Saint Louis einen Zwischenhalt einzulegen und sich bei einer Madeleine du Jour zu erinnern, wie es hier früher war, am Grossbasler Ufer, als wir noch klein waren.

Im nahen St. Johanns-Park fläzen sich Sonnenhungrige auf dem Rasen, andere picknicken grüppchenweise gemütlich unter Bäumen, wir aber spazieren wieder hinunter ans Ufer und kommen zu einem Schild mit einer rot umkreisten schwarzen Hand. Das Schild besagt, dass die Steigeranlagen nicht betreten werden dürfen – wer weiss denn heute noch, was Steigeranlagen sind? Vermutlich die Anlegebrücken für die Personenschifffahrt, gleichwohl scheint uns das Schild ein wenig zu beamtenhaft und aus der Zeit gefallen. Wir passieren einen roten Rettungsring und folgen dem Weg bis zur Ueli-Fähre, die

Eidechse am Grossbasler Ufer.

sich für Apéros, Taufen und Bestattungen anbietet, und bei der in einem Vogelkäfig ein wollener Fisch hängt.

Unter Rhy Art Fair, Roots und Rhypark hindurch flanieren wir, das schwappende Wasser unter den Füssen, über den Metallsteg ganz unten, kommen beim IWB-Areal mit dem Pumpen Stop («Pumpen frei») wieder hoch, unterqueren die Dreirosenbrücke und erklimmen dahinter die Treppe, die uns zur Haltestelle Novartis Campus führt, wo wir wieder ganz in der gnadenlosen Gegenwart angelangt sind.

Mundstück
Schmackhafte Madeleine du Jour mit Schokoladenstückchen und Fleur de Sel, eines jener dicken ovalen Sandtörtchen, die alles in einem wecken, in Bewegung bringen und die Erinnerung hervorholen, wie es früher gewesen ist am Grossbasler Ufer, im Rhybadhysli Santihans, in der Cargo Bar und überhaupt.

Fundstück
Die Glocke der Ueli-Fähre ist mit einem dicken Schloss befestigt – wir sind nicht in New York, aber es wird jedem klingeln, warum das Schloss da hängt.

Fundstück
Max Uehlingers «Tauzieher» bei der Schifflände, der das unsichtbare Schiff kraftvoll an Land zieht – das Relief wurde im Auftrag des staatlichen Kunstkredits um 1927 geschaffen.

🔴9 Von Mundart zu Mundart

Der Dreyland-Dichterweg führt von der Dreirosenbrücke nach Huningue und Weil durch eher unpoetisches Gelände zu mundartlichen Preziosen von Dichtern aus Basel, dem Elsass und dem Südbadischen – ein Läckerli für Lyrikfreaks.

Info
Anfahrt Mit Tram 1 bis Novartis Campus. **Route** Novartis Campus – Uferpromenade Elsässerrheinweg – Quai de la Brigade du Languedoc – Quai du Rhin – Canal de Huningue – Quai de la République – Passerelle des Trois Pays/Dreiländerbrücke – Rheinpark – Weil am Rhein Grenze. **Dauer** 1,5 Std. **Einkehr** Restaurant Rheinpark, geöffnet Di–Fr 9–22 Uhr, So 9–20 Uhr, oder im Rheincenter. **Rückfahrt** Ab Haltestelle Weil am Rhein Grenze mit Tram 8 zurück in die Stadt.

Bei der Haltestelle Novartis Campus folgen wir dem «Lokami»-Wegweiser Richtung Rhein. Linkerhand hat sich der Pharma-Konzern seinen eigenen dichten Wald angepflanzt – schade nur, dass der hinter Zäunen gefangen und unzugänglich ist. Bei der über zehn Meter breiten Freitreppe hinunter zur Rheinpromenade stossen wir auf die Informationstafel des Dreyland-Dichterwegs – es kann nicht schaden, zu Hause im Internet die Karte mit allen Stationen auszudrucken, damit wir die Dichter auch finden.

Reiher bei Huningue.

Schöner alter Kamin auf dem Novartis Campus.

An der Uferpromenade des Elsässerrheinwegs entdecken wir, eingelassen in die Mauern der Kalksteinterrassen, die ersten Gedichte von Basler Mundartautoren wie Hylarius (Beat Trachsler), Fritz Liebrich und Theobald Baerwart. Es geht um die Fasnacht, den Rhein, um Basel: «S macht vo sich nit vyyl Wääse, blagiert nit mit der Graft; sy Liebi gheert der Arbed, sy Ruehm isch d Wisseschaft. Johrhundert hänn s umbrandet mit Grieg und Gwitterstiirm und immer no in d Wulgge dien raage d Minschterdiirm. Und immer no duet ruusche my lieben alte Rhy. Hit zoobe, noh de Säxe, gang i go baade dryy!» (Theobald Baerwart [1872–1942], «My Basel»).

Mit nostalgischer Wehmut flanieren wir weiter auf der eleganten, 28 Millionen teuren Luxuspromenade – jeder Meter des 2016 eröffneten Uferwegs kostete 45 000 Franken. An diesem wunderschönen Sommerwochenende ist er tot und leer. Während sich im Kleinbasel und weiter oben beim St. Johanns-Park die Leute tummeln, ist der 600 Meter lange Weg bis zur Grenze völlig verwaist. Offenbar können Planer Menschen auch mit grösstem Aufwand nicht zwingen, einen Ort schön zu finden und zu mögen.

Dass sich hier um 100 vor Christus eine keltische Siedlung befand, erfährt man durch Guckrohre der archäologischen Bodenforschung, durch die man einen Blick in die Vergangenheit werfen kann. Ein paar Schritte weiter fragt die Elsässerin Lina Ritter: «Worum trennt uns e Rhi? Àss mìr zeige chenne wia me Brucke bäut.»

Links türmt sich ein alter hoher Kamin auf, der sich vor der Abrissbirne hat retten können. Wenig später passieren wir die Landesgrenze, wo uns ein Verkehrszähler registriert. Schon erreichen wir die Zelte, in denen das krebserregende Lindan lagert, das entsorgt werden soll – seit Jahren ein Schandfleck und der Grund, warum wir nur von Freitag 18 Uhr bis Montag 7 Uhr hier durch können. Ein Reiher bei der Verladestation lenkt uns von der unheilvollen Altlast ab. Wir

Gedenkstein in Huningue.

Huningue.

kommen zu einem futuristischen Wandgemälde – «Free Karawild!» – und zu einem Gedenkstein, der an den Tod eines französischen Offiziers erinnert, der hier im Kampf um die Befreiung des Elsass am 30.11.1944 verstarb.

Weiden und charmant heruntergekommene Villen säumen den Weg, dazu Verse von Emil Beuermann und das Gedicht «Trost» von Johann Peter Hebel: «Bald denki, 's isch e bösi Zit, und weger 's End isch nümme wit; bald denki wieder: loß es goh, wenn's gnueg isch, wird's scho anderst cho. Doch wenni näumen ane gang un 's tönt mer Lied und Vogelgsang, so meini fast, i hör e Stimm: ‹Bis z'fride! 's isch jo nit so schlimm.›» Klingt vollkommen anders als sein Gedicht «Die Vergänglichkeit», das im Kreuzgang des Basler Münsters zu lesen ist.

Bei der protestantischen Kirche erreichen wir eine Parkanlage, überqueren den Canal de Huningue und setzen unseren Spaziergang auf dem Quai de la République fort. Wir gelangen zu einem Strand mit jeder Menge Schwänen und Badenden, erklimmen die geschwungene, leicht schaukelnde Dreiländerbrücke und geniessen die Aussicht nach Basel und in den Schwarzwald.

Auf der anderen Seite biegen wir links in den Rheinpark, wo wir die letzten acht Dichterstationen suchen müssen, mit etwas Glück dann doch Lina Kromer und Carola Horstmann finden.

«Ìm Spìtàlzìmmer bìsch dü ìm Ragaträpfla äm Fanschter dànkbàr», gibt uns Yves Bisch zum Abschluss mit auf den Weg. Dankbar sind wir in der Tat, dass wir uns im Restaurant «Rheinpark» oder im Rheincenter stärken können, bevor wir um die Ecke zur Tramstation an der Grenze schlendern.

Die Dreiländerbrücke.

Mundstück
Diese Pizza aus dem Rheincenter in Weil bringt uns nach so viel alemannischer Sprachkunst wieder auf den Boden der Realität zurück.

Fundstück
Die futuristisch anmutenden Fernrohre der archäologischen Bodenforschung, die sogenannten Archaeoskope, die einen Einblick in die einstige keltische Siedlung bei der alten Gasfabrik geben, hielten wir zuerst für luxuriöse Rheinschwimmerduschen, die nicht funktionieren.

In der Stadt   Lachs à la Bâloise   59

⑩ Lachs à la Bâloise

Diese kleine Runde durch das frühere Fischerdorf Kleinhüningen ist äusserst reizvoll. Wir starten beim Wiesendamm und schlendern durch Dorfstrasse und Bonergasse zu den wenig bekannten, aber nicht minder zauberhaften Attraktionen des Viertels, um gemütlich wieder zum Wiesendamm zurückzukehren.

Info
Anfahrt Mit Tram 8 oder Bus 36 nach Kleinhüningen. **Route** Wiesendamm – Kleinhüningerstrasse – Hochbergerplatz – Dorfstrasse – Kronenplatz – Schulgasse – Friedhofgasse – Dorfstrasse – Bonergasse – Hochbergerstrasse – Hochbergerplatz – Kleinhüningerstrasse – Wiesendamm. **Dauer** 45 Min. **Einkehr** Cafeteria des Pflegewohnheims St. Christophorus, täglich 9–18 Uhr. www.aph-christophorus.ch. Restaurant Schiff, geöffnet Mo–Fr, 9.30–24 Uhr, am Wochenende 10–24 Uhr. www.schiff-restaurant.ch. **Rückfahrt** Mit Tram 8 oder Bus 36.

Wenn wir in Kleinhüningen aus dem Tram steigen, spazieren wir ein paar Schritte den Wiesendamm entlang Richtung Rhein, um über die Brücke der Kleinhüningerstrasse zum Hochbergerplatz zu gelangen. Dort sticht uns sogleich das Restaurant «Schiff» im markanten Gebäude der alten Fischerzunft ins Auge – die expressiven Wandmalereien, die auffälligen Reliefs von Fröschen, Fischen und Hummern und das elegante Wirtshausschild zeugen von einer Zeit, als man noch wusste, wie man ein Wirtshaus baut. Auch der mit Fenstern, Augen und einem Mund verzierte gelbe IWB-Kasten vis-à-vis strahlt eine gewisse Poesie aus.

Die Kirche in Kleinhüningen.

Nachdem wir uns umgesehen haben, flanieren wir durch die Dorfstrasse Richtung Norden. Schon bald erreichen wir bei Nr. 19 ein schönes altes Haus, das 1754 erstellte Pfarrhaus, in dem Carl Gustav Jung, der Begründer der analytischen Psychologie, seine Jugend verbrachte (1879–1896). Dabei verpasste der Sohn des Dorfpfarrers knapp das Tram, das 1897, ein Jahr nach seinem Wegzug, bis zum Kronenplatz fuhr und somit gleich um die Ecke seine Wendeschlaufe hatte. Das alte Fischerdorf, das erst 1908 von der Stadt eingemeindet wurde, muss um die Jahrhundertwende recht belebt und als Ausflugsziel beliebt gewesen sein, sonst hätte man kaum eine der ersten Tramlinien Basels vom Claraplatz über das Klybeckschloss bis nach Kleinhüningen geführt. Heute spürt man nicht mehr viel davon – der Kronenplatz ist jetzt ein verträumt verschlafener kleiner Park, wo man sonnenbaden oder spielen kann.

Wenn wir durch die Schulgasse mit ihren kleinen Häuschen schlendern, bekommen wir einen Eindruck, wie das Dorf früher ausgesehen haben mag, auch wenn die Fischerhäuser und Bauernhöfe verschwunden sind. Mit etwas Glück kommen wir am Ende der Schulgasse rechts rüber in die Friedhofsgasse und somit zur einzigen Barockkirche Basels. Der 1710 erstellte Bau mit seinem achteckigen Chorturm und der grünen Zwiebelhaube ist eine Augenweide.

Rund um die Kirche ist so manches zu entdecken: der Jubiläumsbrunnen von 1940 etwa, der Bäuerinnen und Fischer zeigt und der an die 300-jährige Zugehörigkeit Kleinhüningens zur Eidgenossenschaft erinnern sollte – 1640 nämlich hatte Basel das Dorf dem Markgrafen Friedrich V. von Baden-Durlach für 3500 Reichstaler abgekauft. Ähnliche Versuche Basels, sich gegen Norden hin zu vergrössern und das französische Huningue zu erwerben, schlugen immer wieder fehl.

Des Weiteren finden sich auf dem Kirchhof nebst überwucherten Gräbern eine alte Tafel von 1710 und ein Anker, der an die Zeit erinnert, als der Hafen gebaut wurde und die Schiffer kamen. Treten wir aus dem Kirchhof heraus, befinden wir uns wieder in der Dorfgasse. Wenn wir einige Schritte zurückge-

Das Schifferhaus.

hen, können wir uns im Cafeteria-Garten des Wohnpflegeheims Christophorus ein kleines Mümpfeli gönnen.

Nach dem Zwischenhalt flanieren wir weiter Richtung Grenze. Wo der Weilerweg rechts von der Dorfstrasse abgeht, gelangen wir links in die Bonergasse und stehen schon nach wenigen Schritten im Garten des herrschaftlichen Clavelguts, dem ehemaligen Schifferhaus – eine Skulptur und ein Abguss eines römischen Rheinschiffes lenken hier die Aufmerksamkeit auf sich. Wo früher die Schiffer beherbergt und die jungen, angehenden Seeleute unterrichtet wurden und wo später ein Gourmettempel seine Gäste verwöhnte, befindet sich heute eine internationale Schule.

Auf der anderen Seite des Areals steht das Fischerhaus Bürgin. Es wurde 1764 erbaut und zählt zu den ältesten Fischerhäusern Kleinhüningens. Es gehörte der Familie Bürgin, die seit dem 17. Jahrhundert Generationen von Fischern stellte. Ursprünglich stand es an der Schulgasse. Weil das Haus dort aber von Industrie und Hafen stark

Das Fischerhaus Bürgin.

Das Bernoulli-Silo.

bedrängt war, wurde es 1999 abgebaut und in den Folgejahren am neuen Ort wieder aufgebaut. Das malerische Haus mit dem schönen Ziegeldach, den alten Wandtäferungen und dem heimeligen Kachelofen lässt sich heute für Anlässe mieten.

Wir folgen weiter der Bonergasse und finden uns nun im Hafenareal wieder. Rechts ragt das Bernoulli-Silo auf, ein gewaltiger, denkmalgeschützter Bau aus dem Jahr 1926. Wir schmuggeln uns durch das Areal, das mit seinen riesigen alten Kränen und anderen Umschlaggeräten seinen eigenen Reiz hat, und gelangen wenig später wieder zur Wiese. Dort, auf der Dammseite der Hochbergerstrasse, steht ein kleines weisses Hüttchen, das als Ausstellungsraum für Kunst dient. Als wir vorbeikamen, war darin eine Drohne von David Signer zu sehen.

Schlendern wir nun der Wiese entlang zu unserem Ausgangspunkt zurück, haben wir einen weiteren Grund vor Augen, warum das Fischerdorf Kleinhüningen bei den Baslern früher so beliebt war. Und zwar nicht nur bei den Studenten und Professoren, die schon vor hundert Jahren, begleitet von Weidlingen, von der Pfalz zur Wiesemündung schwammen, um danach in der «Krone», die leider vom Kronenplatz verschwunden ist, eine Friture du Rhin oder einen Lachs à la Bâloise zu verzehren. Die wohlhabenden Basler gaben ihre Wäsche nämlich am liebsten den Wäscherinnen von Kleinhüningen, weil das Wasser der Wiese weicher als das des Rheins war und die Wäsche so flauschiger wurde.

Heute dürften die wohlhabenden Basler kaum mehr so vernarrt in Kleinhüningen sein, gilt es doch als Armenhaus und Ausländerviertel. Aber was man nicht kennt, kann man auch nicht gern haben. Wir auf jeden Fall fühlen uns recht flauschig nach dem Spaziergang, der so viel Wunderbares bereithielt und uns auf vielerlei Weise verzaubert hat.

Fundstück
Dieser eindrückliche Abguss eines römischen Frachtschiffes für die Mosel und den Rhein findet sich im Garten des Clavelguts, des ehemaligen Schifferhauses. Das Original-Grabmal aus dem 3. Jahrhundert nach Christus, das 1857 in Neumagen gefunden wurde, steht im Museum von Trier.

Mundstück
Diesen herrlich mundenden Spitzbuben verspeisten wir unter scharfer Beobachtung einer Katze im hübschen Garten der Cafeteria des Pflegewohnheims St. Christophorus an der Dorfstrasse 38.

🔴11 Mit Google nach Capri

Im Internet wird heute alles kommentiert und bewertet – kaum ein Ort in Basel, für den es keine Reviews gibt. Ein Spaziergang vom Dreiländereck durch das Hafenareal ins Klybeck, auf den Spuren von Google-Rezensionen.

Info
Anfahrt Mit Rhytaxi, mit dem Schiff der Basler Personenschifffahrtsgesellschaft ab Schifflände (nur Gruppen ab 10 Personen nach Voranmeldung) oder mit Tram 8 bis Kleinhüningen, dann Fussweg zum Dreiländereck. **Route** Dreiländereck – Jachthafen Regioport – Brasilea – Nordstern – Westquaistrasse – Gelpke-Brunnen – Uferstrasse – Altrheinweg – Klybeckstrasse – Kleinhüningerstrasse – Holderstrasse – Aktienmühle – Gärtnerstrasse – Inselstrasse. **Dauer** 1 Std. 45 Min. **Einkehr** Capri Bar, geöffnet So, Mo, Mi und Do 9–22 Uhr, Fr und Sa 9–24 Uhr. **Rückfahrt** Mit Tram 8 ab Haltestelle Inselstrasse oder Wiesenplatz. **Achtung** Nicht zu empfehlen für Puristen, die in Orthografiefragen streng sind.

Wenn wir beim Dreiländereck aus dem Schiff steigen, befinden wir uns an einem für Basel wichtigen und die Stadt nicht unmassgeblich definierenden Punkt. Wie aber sehen Touristen den symbolträchtigen Ort? Beim Blick in die über 150 Google-Rezensionen zum Dreiländereck (Stand 2018) stossen wir auf Mandy Sparkowskys Beitrag: «Das Denkmal sieht aus wie ein Concord aufgestellt. Sehr interessant.» Das hat was, Willhelm Müngers Eisenplastik Pylon – halb Schiffsschraube, halb Segel – erinnert tatsächlich von ferne an eine Concorde.

Beim Dreiländereck.

Aber wie sieht es mit der Symbolik des Ortes aus? Dazu Jimit Thaker: «Ein einzigartiger Ort auf der Erde, wo Sie so nahe an der Grenze zu drei Ländern sind. Essen, Trinken und Schlummern in verschiedenen Ländern in wenigen Minuten.» Das stimmt und klingt gut. Manchmal sind es andere Menschen, die einem die Augen öffnen.

Für die Koreanerin Seo Hyun Jun war die Ecke allerdings kein «unique place on earth»: «Nahe der Grenze von Frankreich, Deutschland und der Schweiz. Aber als ich es sah, gab es keine Inspiration. Wenn Sie keine Zertifizierungsaufnahme auf einer Skulptur machen möchten, sollten Sie dorthin gehen. Die Art des Andockens ist schmutzig.» Bei Übersetzungen vom Koreanischen ins Deutsche hat Google Translate offensichtlich noch Spielraum nach oben. Ob wir eine Zertifizierungsaufnahme machen möchten, wissen wir auch nicht, aber so schmutzig ist das Dreiländereck bei unserem Andocken nicht: Einige Zigarettenstummel liegen auf dem Boden, ein Lappen, das Übliche. Doch faszinierend, wie sehr die Meinungen bezüglich der Kraft und Ausstrahlung des Ortes auseinandergehen.

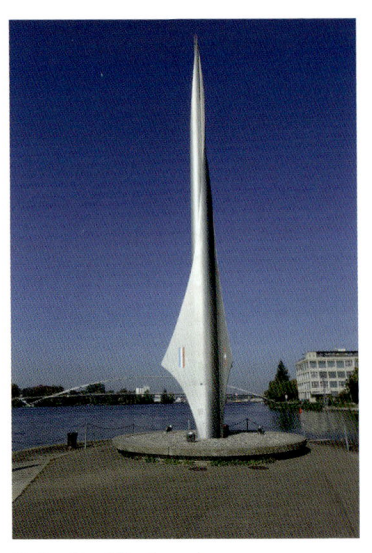

Der Lällekönig der Basler Personenschifffahrtsgesellschaft.

Wir schauen uns ein wenig um, bestaunen die Schiffe Lällekönig, Baslerdybli und Rhystärn, können uns sommers in einen Liegestuhl der Sandoase fläzen und flanieren danach direkt dem Rheinufer entlang Richtung Basel.

Schon bald passieren wir das Brasilea – «tolle location direkt am Rhein» (Daniel Gerny) – und den Jachthafen Regioport, wo «Moby Dick», «Jupiter» und jede Menge Shuttles vor Anker liegen. Etwas weiter lockt uns das Schiff des «Nordstern» – «wenn deine alte chillen will», wie es bei Google heisst.

Falls wir uns nicht zu alt fühlen, können wir zu gewissen Zeiten auch auf dem Deck ein wenig chillen.

Danach gehen wir hoch zur Westquaistrasse, spazieren um die Ecke und entdecken beim Hafenbecken den schönen Gelpke-Brunnen – «Die Skulptur aus Stein zeigt eine Galionsfigur, wie sie einst auf den Segelschiffen am Bug angebracht war. Von hier aus lässt sich wunderbar in Richtung Dreiländereck spazieren, oder an der Uferstrasse zum Klybeckareal nach Basel», schreibt Lang Gesellschafterin.

Der Gelpke-Brunnen.

Blick von der Uferstrasse nach Huningue und zum Novartis Campus.

Wir passieren die Brücke und promenieren, wie vorgeschlagen, der Uferstrasse entlang Richtung Stadt. Vis-à-vis die Chemie von Huningue, linkerhand allerhand Bistros und Cafés. Beim Klybeckquai erreichen wir eine Anlegestelle für Kreuzfahrtschiffe. G.T. Oosterom ist gar nicht begeistert: «schlechte Platz für passagierschiffen zum anlegen. staubig und drekkig. Für alte Leute mit rolstoel drama.» Hier haben sich also Dramen abgespielt, Dramen im Rollstuhl – wer hätte das gedacht an dem unscheinbaren Flecken?

Vorbei an Marina und Landestelle kommen wir zum wilden Multikultipark (Holzpark Klybeck), den die meisten Reviewer überaus cool finden. Patricia Maria Pavlic: «Sehr

Alter Hafenkran.

Trouvaille beim Neuen Kino.

gemütlich. Schöner Ort zum Relaxen und mit den Kollegen abzuhängen.» Oder Jeannette Ka: «Top. Ein Geheimtipp.» Heiri Schützstai hingegen rümpft die Nase: «Hab ja schon viel Dreck gesehen, aber so viel auf einem Haufen. Unglaublich. Kifferbrüder und Linke-Grüne-Nüsse.» Die Ansichten sind diametral entgegengesetzt, wie im richtigen Leben. Die Kreativität und die Energie, die sich zwischen den Bretterbuden entfaltet, ist freilich nicht von der Hand zu weisen. Wer den Geruch von Gras und linksgrüne Nüsse nicht mag, sollte hier jedoch schnell vorübergehen.

Wir kommen an einem grossen Tank und einem fotogenen alten Hafenkran vorbei, überqueren die Geleise und flanieren nun auf dem Altrheinweg wieder ein Stück zurück bis zur Klybeckstrasse. Vorbei am Neuen Kino – «Lagerhalle und

Multikultipark Klybeck.

Werkstattromantik. Wohlig heruntergekommen» (Fabian Kaiser) – erreichen wir den Platanenhof, den fast alle Google-Rezensenten lieben. Via Kleinhüninger- und Holderstrasse gelangen wir zum Turbinenhaus der Aktienmühle an der Gärtnerstrasse: «Sehr lecker, mal etwas ausgefallen, super Angebote und mega netter Service!» (BrunY).

Nur ein paar Schritte Richtung Kleinhüningen sind es nun noch, um uns in der Capri Bar von unserem Google-Spaziergang zu erholen. Bislang haben alle Rezensenten die Capri Bar mit fünf Sternen bedacht: «Really friendly neighbourhood bar. Good selection of drinks and nice low-key atmosphere. Go here when in Basel and in need for some interaction with local people!» (Jan Trompper).

Tatsächlich ist das Zusammensein und Sich-Austauschen mit richtigen Menschen doch schöner und anregender als das digitale Review-Ratatouille. Aber mit Google nach Capri zu gehen hat doch auch Spass gemacht – der diskrete Charme und die schräge Poesie mancher Online-Kommentare haben unseren Blick für den Hafen und das Klybeck durchaus geschärft.

Mundstück
Diesen Marmorkuchen mit Pistazien gabs in der Capri Bar an der Inselstrasse. «Kleine gemütliche Bar mit lecker Café. Zum Verweilen.» (Nörten Cömmander)

Fundstück
Bär mit Bärchen beim Multikultiareal «Holzpark Klybeck» – «Good vibrations. Feel like freedom. Recomended:)» (filip switala)

⑫ Matthäus-Passion

Eine Runde kreuz und quer durch das Matthäus-Quartier führt uns zu schönen Bistros, fussballverrückten Kids und wunderbar alten Büchern, die unseren Weg vom Bläsiring zur Hammerstrasse, zum Rhein und wieder zum Bläsiring verzaubern.

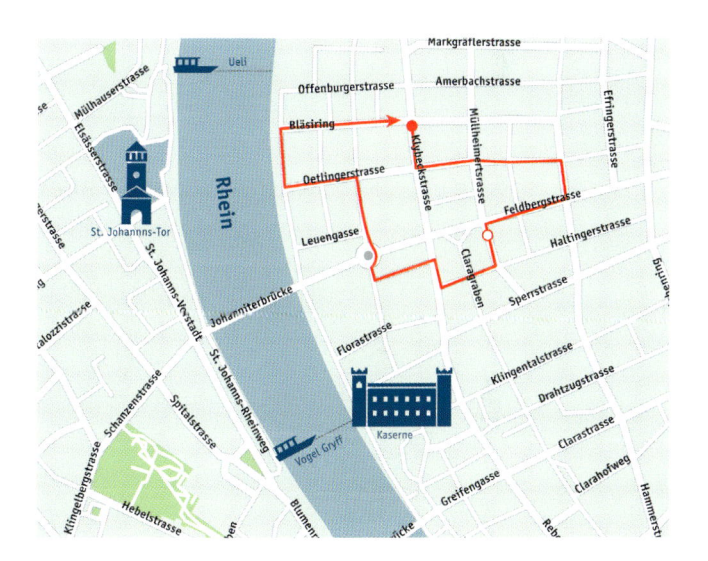

Info
Anfahrt Mit Tram 8 zum Bläsiring. **Route** Klybeckstrasse – Oetlingerstrasse – an der Matthäuskirche vorbei – Oetlingerstrasse – Hammerstrasse – Feldbergstrasse – Müllheimerstrasse – Haltingerstrasse – Klybeckstrasse – Kandererstrasse – Breisacherstrasse – Erasmusplatz – Breisacherstrasse – Leuengasse – Unterer Rheinweg – Bläsiring – Klybeckstrasse. **Dauer** 45 Min. **Einkehr** Da Graziella, Mo–Fr geöffnet 6–18.30 Uhr, Sa 7–17 Uhr und So 8.30–13.30 Uhr. www.dagraziella.com. **Rückfahrt** Mit Tram 8 ab Bläsiring.

Das herrlich blumengeschmückte Haus an der Klybeckstrasse 126.

Wenn wir beim Bläsiring aus dem Tram steigen, gehen wir in der Klybeckstrasse ein paar Schritte stadteinwärts und stehen bei Nr. 126 schon bald vor einem schönen alten Backsteinhaus mit herrlich blumen- und pflanzengeschmückter Fassade – das satte Grün und die tiefroten Blüten sind eine Augenweide. Etwas weiter passieren wir «la fourchette» und «Gatto Nero» – zwei der vielen aufstrebenden kleinen Lokale, die hier wie Pilze aus dem Boden schiessen und dem Quartier sein besonderes Flair verleihen.

Beim «Gatto Nero» biegen wir in die Oetlingerstrasse ein. Jungen spielen auf der Strasse begeistert Fussball, während oben an einem Haus eine FCB-Fahne baumelt und die Hausnummer 80 in den FCB-Farben – gelb auf rot-blauem Grund – daherkommt. Offenbar eine Bastion, in der der Stadtclub noch beinahe religiös zelebriert wird.
Vorbei an alten Häusern mit hübschen Vorgärten gelangen wir zur «Braubude» – ein Ort für Hopfenfreunde, wo klassisches Bier, aber auch spezielle Sorten wie silbernes Indian Pale Ale oder goldenes Porter hergestellt und zu gewissen Zeiten abends auch serviert werden (www.braubudebasel.ch).

Zweifellos eine FCB-Bastion: Oetlingerstrasse 80.

Via Müllheimerstrasse erreichen wir den Pausenplatz vor dem Bläsischulhaus, wo die Wogen hochgehen und eine Bubenschar mit Inbrunst und letztem Einsatz kickt. Rechterhand tut sich vor der Kirche der Matthäus-Spielplatz auf, der aber gerade verwaist ist. Wir queren die Anlage und stossen bei der Ecke Oetlingerstrasse/Mörsbergerstrasse auf das J.P. Hebel-Antiquariat, dessen reizvolle Auslagen in den prächtigen Schaufenstern den Bücherliebhaber sogleich ins Innere locken.

Ein wenig weiter steht mitten in der Oetlingerstrasse ein leicht in die Jahre gekommener Zigarettenautomat – ein seltsamer Ort für so einen Tabakverteiler. Ob sich hier eines der letzten Raucherréduits von Basel befindet?

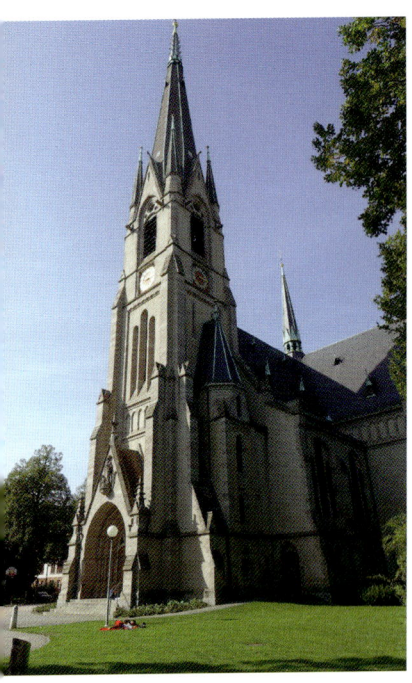

Die Matthäuskirche.

Bei der Ecke zur Hammerstrasse kommen wir zum schmucken Bistro «Avant-Gouz», das in einem poetischen Vintage-Intérieur mit Art-déco-Elementen – etwa einer golden glänzenden Kaffeemaschine – mit tollen Sandwiches und exzellenten Croissants den Mund wässrig macht.

Nach dem «Avant-Gouz» flanieren wir nach rechts in die Hammerstrasse, wo bereits wieder eine FCB-Fahne über unseren Köpfen flattert. Bei der Feldbergstrasse trippeln wir zurück Richtung Rhein und passieren die mächtige Matthäuskirche, die mit ihrem 80 Meter hohen Turm die höchste Kirche Basels ist – höher noch als das Münster. Der Sandstein, aus dem sie gebaut ist, stammt aus den Vogesen, der Granit, auf dem sie gründet, kam vom Gotthard. Gebaut wurde sie nach Plänen von Felix Henry kurz vor der Jahrhundertwende im neugotischen Stil. Schräg gegenüber entdecken wir die Caffetteria «Da Graziella» – ein Klassiker, wo wir uns bei sizilianischen Leckereien eine kleine Verschnaufpause gönnen.

Nach dem Päuschen spazieren wir durch die Müllheimerstrasse Richtung Claraplatz, zweigen rechts in die Haltinger- und dann nochmals rechts in die Klybeckstrasse ab, bevor wir links in die Kandererstrasse einbiegen. Eine ganze Reihe malerischer alter Häuser finden wir hier vor – die «Farmacia» ist eine Augenweide, in einem Vorgarten reckt sich eine eindrückliche Palme in die Höhe, so hoch, wie wir es in Basel kaum je gesehen haben, ein weiteres Anwesen ist ganz von Pflanzen überwuchert: Hier, so scheint es, lässt es sich gut leben.

Am Unteren Rheinweg.

Durch die Breisacherstrasse, der wir nach rechts folgen, erreichen wir den Erasmusplatz und die Fussballkulturbar «Didi Offensiv» – wenn wir es nicht schon geahnt haben, wissen wir spätestens jetzt, dass Fussball die Matthäus-Passion ist, das, wofür das Herz des Viertels schlägt. Über den Platz gehen wir weiter durch die Breisacherstrasse, schlendern in der Leuengasse nach unten zum Rhein und geniessen hier noch ein wenig Sonne, Ausblick und die Oetlinger Buvette.

Beim Bläsiring – «Migration ist ein Menschenrecht» steht auf einem Mäuerchen – stapfen wir wieder hoch, vorbei am überaus populären Alima-Market, wo Dutzendschaften von weissen Schweizer Kabisköpfen, die wie Fussbälle in einem Netz liegen, auf einen Giro in unseren Kochtopf zu warten scheinen. Unseren Ausgangspunkt bei der Klybeckstrasse erreichen wir aber kabiskopflos.

Fundstück
Ein so schönes Schaufenster, das durchweg lesenswerte Fundstücke auf derart elegante Weise präsentiert, ist selber ein Fundstück: das Schaufenster von René Pfeiffers Hebel-Antiquariat an der Oetlingerstrasse 146.

Mundstück
Diesen verführerisch duftenden Cappuccino mit schmackhaften Pistazien- und Mandel-Dolci erhielten wir in einem sizilianischen Café, das es schon seit 1985 gibt und aus Basel nicht wegzudenken ist: das «Da Graziella».

🔴13 Grand Tour

Ein Basler Classico: Die Grand Tour vom Tinguely-Museum bis zur Dreirosenbrücke führt der Kleinbasler Riviera entlang zu wunderbaren Ausblicken, Bistros und Buvetten.

Info

Anfahrt Mit Bus 31, 36, 38, 42 zum Tinguely-Museum. **Route** Tinguely-Museum – Paul Sacher-Anlage – Solitudepark – Solitude-Promenade – Schaffhauserrheinweg – Oberer Rheinweg – Unterer Rheinweg – Zähringerstrasse – Dreirosenpark – Klybeckstrasse – Dreirosenbrücke. **Dauer** 1 Std. 45 Min. **Einkehr** Bistro Pulpo im Sekundenzeiger, Oberer Rheinweg 89, Mo geschlossen, Di bis Fr geöffnet 14–22 Uhr, Sa und So 11–22 Uhr. www.robi-spiel-aktionen.ch. **Rückfahrt** Mit Tram 1, 8, 14, 17 oder 21 ab Haltestelle Dreirosenbrücke in alle Richtungen.

Blick von der Kleinbasler Riviera Richtung Münster.

Knabe von Carl Gutknecht (1935).

Beim Tinguely-Museum schlendern wir durch die Paul Sacher-Anlage und werden gleich von einem wild um sich spritzenden Brunnen Tinguelys begrüsst, dessen sich rhythmisch wiederholende Bewegungen ein sich gleichfalls wiederholendes meditatives Plätschern erzeugen. Nach der Brunnenmeditation wenden wir uns nach links zur Solitude-Promenade, wo wir nicht nur einen grossartigen Blick auf den Rhein haben, sondern auch eine ganze Reihe von Skulpturen passieren: einen nackten Knaben von Carl Gutknecht (1935), einen Fischer, der kniend mit der Hand nach einem Fisch greift (Alfred Schilling 1955) und einen springenden Fisch von Willy Hege (1940). Solitude, Einsamkeit, gibt es hier weniger – tatsächlich muss man auf diesem Abschnitt wegen der vielen Velofahrer achtsam sein.

Wir lassen den Park, in dem unter anderen Marder, Fledermäuse und Smaragdeidechsen leben, hinter uns und gelangen zum Schaffhauserrheinweg. Hier können wir oben auf dem Trottoir bleiben und die schönen Villen rechterhand bestaunen oder wir gehen ganz nach unten zum Uferweg. Unten am Fluss passieren wir die St. Alban-Fähre und die neu aufgeschichteten Felsinseln, die uns animieren, sie zu erklimmen. Tieren bieten sie interessante Buchten und Nischen, uns Menschen ein besonderes Rhein-Feeling – irgendwie renaturiert fühlen wir uns auf den Klippen.

Nach der Wettsteinbrücke steigen wir wieder hoch und flanieren der Promenade am Oberen Rheinweg entlang. Beim Waisenhaus stossen wir rechterhand auf einen hübschen, leicht versteckten Tanz-Brunnen mit schönem Schattenspiel (siehe Fundstück). Unmittelbar vor der Münsterfähre entdecken wir linkerhand ein am Rheinbord angekettetes, etwa schuhgrosses Flüchtlings-Schiffchen, den rötlichen Zwilling des bläulichen Schiffchens, das auf dem Fähribödeli unterhalb der Pfalz angekettet ist.

Jetzt, nach etwa halber Strecke, können wir uns beim sympathischen Bistro «Pulpo» eine kleine Pause gönnen, um uns zu stärken (siehe Mundstück). Dann gehts weiter, am Männerwohnhaus der Heilsarmee und den teils urwüchsigen Originalen, die es bewohnen, vorbei zum vielleicht schmalsten Haus Basels, dem «rothen Schneck», das heute mit dem Nachbarhaus «zum kleinen Sündenfall» verbunden ist, in dem sich die Schlafzimmer befinden sollen.

Von der Promenade haben wir einen fantastischen Blick auf das Münster und die alten Häuser am Grossbasler Ufer – geniessen wir die klassische Ansicht Basels, solange sie noch von keinen Hässlichkeiten getrübt wird. Bei Nr. 49

Fischer von Alfred Schilling (1955).

Auf dem Weg zur Wettsteinbrücke.

stossen wir auf das aussergewöhnliche Relief «Zum Fischgrat und Salmen» – den Fischgrat in den Namen eines Hauses aufzunehmen, erscheint kurios, auch wenn hier früher vielleicht Fischer wohnten oder das Haus ein Fischrestaurant war.

Rund um die Mittlere Brücke locken wieder eine Vielzahl von Bistros zum Verweilen. Nach der Brücke erreichen wir den Kräutergarten vor dem Museum Kleines Klingental, in dem wir unbedingt ein bisschen riechen und schmecken sollten – in der wärmeren Jahreszeit gibt es hier manches zu entdecken, was unsere Sinne wachküsst: etwa die Akelei, Holunder und supersüsse Walderdbeeren.
Bei der Kaserne gelangen wir zur Rhyschänzli Buvette, und recht eigentlich folgen sich die Buvetten nun Schlag auf Schlag: Flora Buvette, Oetlinger Buvette, Buvette Dreirosen. Überall lässt es sich gemütlich sitzen, überall kann man ein wenig zur Ruhe kommen, den Blick schweifen und die Seele baumeln lassen.

Bei der Johanniterbrücke sollten wir kurz die Augen schliessen. Wer sie noch selbst erlebt oder

Haus «Zum Fischgrat und Salmen».

einmal ein Bild der schönen alten Brücke gesehen hat, die bis 1966 über den Rhein führte, der kriegt ob der heutigen Spannbetonbrücke Wehmut oder ein Magengeschwür.

Mit wieder geöffneten Augen erblicken wir auf der anderen Seite die Anlegestelle für die Kreuzfahrtschiffe, die nach Rotterdam fahren – etwas Weites und Abenteuerliches umweht hier unsere Gedanken, bevor sie von einem ungeschlachten Wohnsilo und einer weiteren Brücke, die für ihre Hässlichkeit einen Preis verdient hätten, gefangen genommen werden. Zum Glück machen der beruhigende Gleichmut des Rheins, das funkelnde Licht und die fröhlichfriedlichen Buvetten das wieder wett.

Nach dem Theobald Baerwart Schulhaus biegen wir rechts in die Zähringerstrasse ein, queren den Park der Dreirosenanlage und kommen bei der Haltestelle Dreirosenbrücke zum Ziel unserer Grand Tour.

Wenn man längere Zeit nicht mehr in der Stadt war, wird einem da so richtig bewusst: Basels Riviera ist schon verdammt schön. Aber ihre Schönheit ist fragil, und sie zu rauben, braucht es nicht viel.

Mundstück
Diesen wunderbar leuchtenden Aperol Spritz gabs in einem Liegestuhl des familienfreundlichen Bistros «Pulpo» im Sekundenzeiger mit fantastischem Blick auf Rhein, Münster und Spaziergänger.

Fundstück
Der schöne, 1920 von Rudolf Müller erstellte Brunnen «Tanzende» an der Waisenhausmauer am Oberen Rheinweg, kurz nach der Wettsteinbrücke. Aus einem Mädchenkopf strömt das Wasser in einen Trog, der rundum mit Tanzenden verziert ist.

In der Stadt Von Bausünde zu Bausünde 83

🔴14 Von Bausünde zu Bausünde

Dieser Spaziergang ist nicht schön, aber aufschlussreich. Von der Markthalle schlendern wir hinunter zur Heuwaage, in die Steinenvorstadt, über den Birsig-Parkplatz in die Steinentorstrasse und wundern uns, dass sich in einer Architekturstadt wie Basel Bausünde an Bausünde reiht. Über Bollwerk-Promenade und Bahnhof SBB gehts ins Gundeli und zurück zur Markthalle – der schlechte Geschmack aber verfolgt uns auch dort auf Schritt und Tritt.

Info
Anfahrt Mit Tram 1, 2, 8, 16 zur Markthalle. **Route** Markthalle – Innere Margarethenstrasse – Heuwaage – Steinenvorstadt – Stänzlergasse – Birsig-Parkplatz – Birsig-Durchgang – Steinentorstrasse – Heuwaage – Bollwerk-Promenade – Wallstrasse – De Wette-Park – Centralbahnplatz – Bahnhof SBB – Passerelle – Güterstrasse – Margarethenstrasse – Markthalle. **Dauer** 1 Std. **Einkehr** fm, finkmüller, Coffee & Fine Goods, Güterstrasse 104, geöffnet Mo–Fr, 8–19 Uhr, Sa 9–17 Uhr, So 10–15 Uhr. www.finkmueller.ch. **Rückfahrt** Mit Tram 1, 2, 8, 16 von der Markthalle in alle Richtungen.

Das Gebiet um den Bahnhof müsste eigentlich, weil es für viele Ankommende der erste Kontakt mit der Stadt ist, mit ganz besonderer Umsicht und den höchsten Ansprüchen genügend bebaut werden. Was wir bei einem Spaziergang rund um den Bahnhof SBB aber sehen, ist architektonisch ein Graus.

Bei der Haltestelle Markthalle starten wir unsere Tour, auf der wir unser antrainiertes Wegsehen, unsere Verweigerung echter Wahrnehmung, unsere Blindheit dem Alltäglichen gegenüber ablegen und mit hellwachen Augen durch die Stadt gehen. Schon hier oben könnten wir einiges erwähnen (Roche-Bunker, Glaskasten), halten aber den Mund. Durch die Innere Margarethenstrasse flanieren wir runter Richtung Heuwaage und passieren den Waaghof: Ein Gefängnis muss nicht schön sein, nur sicher, so dass man sich nicht mit dem Kaffeelöffelchen durch die Wand ins Nachbarhaus graben kann.

Ein paar Häuser weiter stehen wir bei der Heuwaage: Wo früher die Bauern aus dem Sundgau und dem Leimental ihr duftendes Heu wägen liessen, steht heute ein steriler, den ganzen Platz dominieren-

Unort Heuwaage.

Augenschmerz in der Steinenvorstadt.

der Viadukt: eine gigantische Fehlplanung, ein Unort ohnegleichen, den wir so schnell wie möglich wieder verlassen. Oder gibt es jemanden, der hier gerne verweilt?

Wir flüchten uns Richtung Steinenvorstadt. Beim Wagdenhalsweglein, das links abgeht, steht ein vollkommen vergittertes Haus: die armen Bewohner! Aber auch die «Steinen» selbst, die Basler Ausgehmeile, ist architektonisch ein Armageddon. Die meisten Gebäude sind reine Zweckbauten, die alles sind, nur keine Augenschmeichler. Ein besonderes Desaster stellt dabei das Geschäftshaus mit dem Kino Capitol aus den Jahren 1979–1982 dar – eine wuchtig-pathetische Geschmacklosigkeit, die uns die Augen schliessen lässt. Wenn wir sie wieder öffnen, müssen wir feststellen, dass es rundherum nicht besser ist, so dass wir uns rasch in die Stänzlergasse verziehen. Aber kann man die Gebäude, in denen sich Tibits und Plaza befinden, als schön bezeichnen? Nur, wenn man sturzbetrunken ist.

Wir retten uns nach rechts in den Birsig-Parkplatz. Hier steht links und rechts eine Schrecklichkeit nach der anderen, die aufgestellten Palmen können den Eindruck auch nicht verbessern. Durch den Birsig-Durchgang beim irischen Pub flüchten wir in die Steinentorstrasse, die wir überqueren. Wenn wir uns auf der anderen Strassenseite umschauen, sind wir ernüchtert. Hier ist es keinen Deut besser als beim Birsig-Parkplatz: eine Hässlichkeit reiht sich an die andere, das ganze Ensemble ist ein Festival der Stillosigkeit.

Wieder bei der Heuwaage steigen wir über die Treppen der Bollwerk-Promenade nach oben Richtung Wallstrasse und erhoffen uns Besserung. Aber wenn wir das Gebäude links der Treppe betrachten, dann müssen wir auf einer Skala von eins bis zehn die tiefste Note geben. Auch das Swisscom-Gebäude oben kommt nicht über eine Zwei hinaus.

Liegenschaft an der Wallstrasse.

Erlöst uns die Terrasse des Bollwerks? Von hier haben wir einen schönen Überblick. Aber wohin wir auch schauen, es ist ein Graus. Weder das WIR-Gebäude noch der nüchterne Fitnessstempel von Diener und Diener auf der anderen Seite haben ästhetisch auch nur das Mindeste zu bieten. Mit Wehmut, ja geradezu mit Schmerzen erinnern wir uns an das wunderschöne Opéra-Gebäude mit seinen herrlichen Türmchen, Ziergiebeln und Fabelwesen, das diesem wuchtigen Klotz in den Achtzigern zum Opfer fiel. Zweifellos ein Erfolg für die Baubranche. Aber für Basel?

Durch die Wallstrasse gelangen wir zum De Wette-Park. Wenn wir hier hinüberblicken zum Bildungszentrum, zur Küchengasse und zu einem Viersternehotel, holen wir uns eine Augenkrankheit. Schnell weg zum Bahnhof, der wenigstens

Bei der Bollwerk-Promenade.

aussen noch schön ist. Über die Passerelle – auch zu der gäbe es einiges zu sagen, aber wir kommentieren sie lieber nicht – gelangen wir ins Gundeli.

Gleich rechts vom Passerellen-Ausgang steht das neue Meret-Oppenheim-Hochhaus von Herzog & de Meuron. Das im Modell filigrane und elegante Haus wirkt als Bau plump, abweisend, ja bedrohlich. Bleibt zu hoffen, dass die beweglichen Fassadenteile das Bild noch verändern, sonst bleibt auch hier nur Kopfschütteln. Wie bei einigen anderen Häusern der Güterstrasse, wenn wir dieser Richtung Margarethenstrasse entlangflanieren, um zu unserem Ausgangspunkt, der Markthalle, zurückzukommen. Bauherren, Unternehmer und Betonindustrie haben rund um den Bahnhof SBB gewaltige Summen verdient. Den Preis, den die Stadt Basel, ihre Besucher und Bewohner dafür zahlen, ist nicht zu beziffern. Aber wer fähig ist, die aus Überlebensgründen antrainierte Blindheit und Realitätsverweigerung abzulegen, der weiss: Er ist brutal hoch.

Fundstuck
Der farbig bemalte Wagen der Bollwerk Buvette mit Wall Street Food an der Wallstrasse.

Mundstück
Schmackhafter Truffe-Schokoladenkuchen mit Eistee im gemütlichen Ambiente von «finkmüller» an der Güterstrasse 104.

⑮ Zu Schafen und Sittichen auf einer friedlichen Matte

Der Spazierweg Burgfeldenpark bietet reizvolle Einblicke in wenig bekannte Ecken am Rande von Basel, die Möglichkeit zu Begegnungen mit allerhand Tieren und einen Abstecher ins No-Man's-Land von Saint-Louis.

Info
Anfahrt Mit dem 3er-Tram oder Bus 36 zur Haltestelle Felix Platter-Spital. **Route** Luzernerring – Friedmattweglein – Universitäre Psychiatrische Kliniken – Rehab – Saint-Louis Saint-Exupéry – Jardins de Francette – Parc Baerenfels – Gartenareal Milchsuppe – Luzernerring. **Dauer** 2 Std. (nur auf Schweizer Seite eine Stunde). **Einkehr** Bistro Rehab Mo–Fr 8–20 Uhr, Sa/So 11.30–19 Uhr, Auberge de Milchsüpp (Öffnungszeiten Aushang beachten). Im Internet findet sich ein Wegplan mit allen Einkehrmöglichkeiten auf www.burgfeldenpark.org. **Rückfahrt** Ab Haltestelle Felix Platter-Spital mit Tram und Bus in alle Richtungen.

In der Stadt   Zu Schafen und Sittichen 89

Bei der 3er-Tramhaltestelle Felix Platter-Spital starten wir unseren Spaziergang an die Ränder der Stadt und darüber hinaus. Wir queren die Strasse, stehen an der Ecke des Pflegeheims Casavita Kannenfeld, folgen ein Stück weit dem Luzernerring und biegen in das beschauliche Friedmattweglein ein. An einer Alterssiedlung und dem Lighthouse vorbei erreichen wir bei der Wilhelm Klein-Strasse den Haupteingang der Universitären Psychiatrischen Kliniken.

Hier beginnt die Terra incognita, hier haben wir uns noch nie hineingetraut. Entlang dem Rasenrondell vor der Zentralen Aufnahme führt der Weg zu einer Statue: ein nackter Mann mit einem Vögelchen in der Hand. Der Mann hat eindeutig einen Vogel. Vielleicht nicht mehr ganz korrekt im Jahre 2019.

1882 hatte der Grosse Rat beschlossen, auf einer «friedlichen Matte» vor der Stadt eine Irrenanstalt zu bauen, die «Friedmatt».

Schaf im Therapie-Tiergarten Eckenstein-Geigy.

Bauers Ringsittich in der Voliere bei der Rehab Basel.

Auf dieser Matte passieren wir diverse Gebäude und Einrichtungen, um durch eine parkähnliche Anlage zum Tierhaus zu gelangen. Hier tummeln sich Schafe, Hühner und Hasen, die im therapeutischen Prozess eine wichtige Rolle spielen – Tiere sind gesund, und sie machen es auch. Bei der Friedrich Miescher-Strasse biegen wir, verschiedene Werkstätten des Bürgerspitals vor uns, erst links ab, folgen der Fahrbahn rechts um die Ecke, bis die Rehab auftaucht, die Klinik für Neurorehabilitation und Paraplegiologie.

Linkerhand entdecken wir den Therapie-Tiergarten mit Minischweinen und Hausziegen, mit Pferden für die Hippotherapie und einer Voliere mit farbenprächtigen Schönsittichen und Satyr-Tragopanen. Nach dem Augenschmaus gönnen wir uns im Bistro der Rehab einen kleinen Gaumenschmaus, bevor es über die Helikopterlandestelle Richtung Grenze geht.

Hier folgen wir nicht dem Wegweiser nach rechts, sondern queren die Tramgeleise und heften uns ihnen bis zur Haltestelle Saint-Exupéry an die stählernen Fersen. Beim Kreisel gelangen wir über die Rue Jules Verne und die Rue Édouard Branly zur Ecole Bourgfelden und zu einer kleinen Gartenanlage zwischen Wohntürmen bei der Avenue Charles de Gaulle. Ein bisschen trostlos ist es hier, aber drücken wir ein Auge zu und nehmen es als ethnologisches Abenteuer. Es kann ja nicht schaden, seine Nachbarn ein wenig kennenzulernen – vor allem Baselmüde, die gerne über die Langeweile ihrer Stadt wettern, können hier einiges lernen.

Bei der Gartenanlage folgen wir de Gaulle nach links, über die Rue du 1er Mars gehts zurück nach Basel, via Rue de la Charité und Rue de l'Eglise zum Temple protestant, auf die andere Strassenseite hinüber zum Baerenfels-Park, über die Rue des Champs zur Grenze und wieder zur Rehab.

Wem der Abstecher nach Frankreich zu viel ist, kann einfach rund um die Rehab gehen, gleich in den Burgfelderhof einbiegen und spart so eine Stunde Weg. Wir folgen der Strasse bis zum Alterszentrum und kommen zum Gartenareal Milchsuppe, wo sich eine weitere Kleintieranlage mit Papageien befindet. Durch die Gärten gelangen wir zurück zu unserem Ausgangspunkt, dem Luzernerring.

Mundstück
Der Bienenstich mit Himbeere im Bistro der Rehab Basel ist deliziös. Nebst einer Reihe anderer süsser Teilchen und Birchermüesli gibt es hier auch schmackhafte Menüs und ein Salatbuffet.

Fundstück
«Can you feel it?» Graffito auf rotem Backstein auf dem Weg zu den Universitären Psychiatrischen Kliniken.

Übersichtskarte um die Stadt

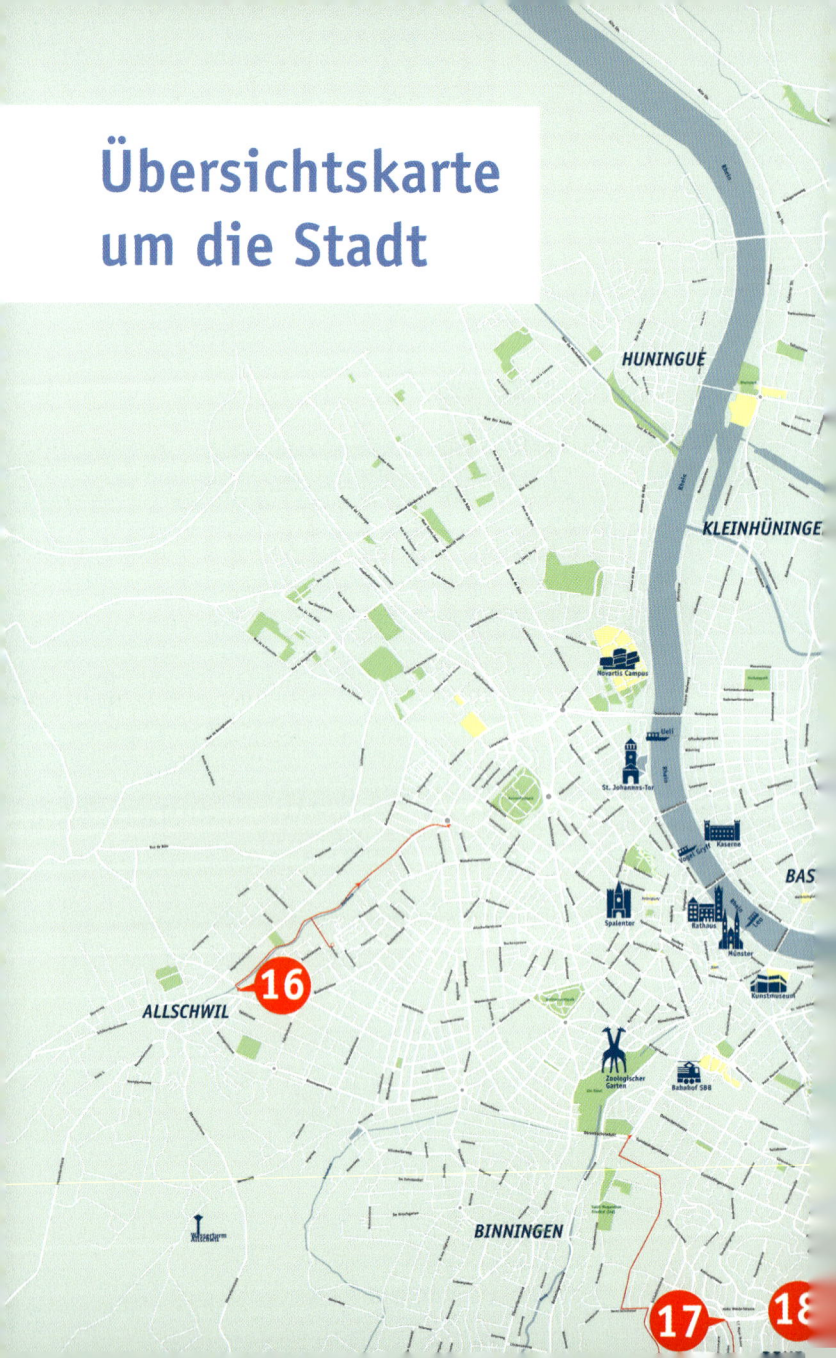

Map

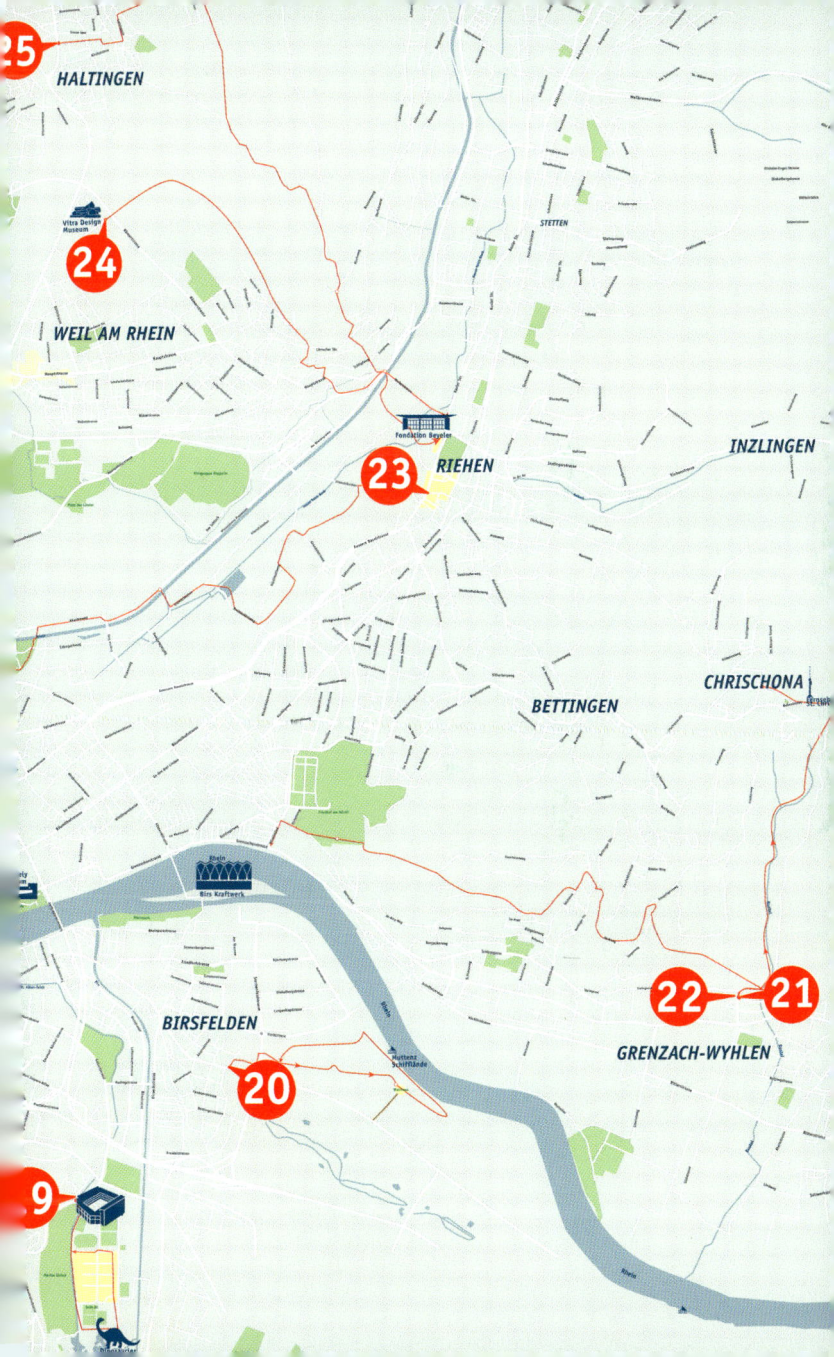

- **25** HALTINGEN
- **24** Vitra Design Museum
- WEIL AM RHEIN
- STETTEN
- **23** Fondation Beyeler / RIEHEN
- INZLINGEN
- CHRISCHONA
- BETTINGEN
- Rhein / Birs Kraftwerk
- BIRSFELDEN
- **20**
- **22** **21** GRENZACH-WYHLEN
- **9**

＃ 16 Promenade unter prominenten Bäumen

Ein Klassiker, der bei allen, die im Kannenfeldquartier aufgewachsen sind, Kindheitserinnerungen weckt: der idyllische Pfad dem Bachgraben entlang. Wer sich auf den Weg wagt, wird reichlich belohnt.

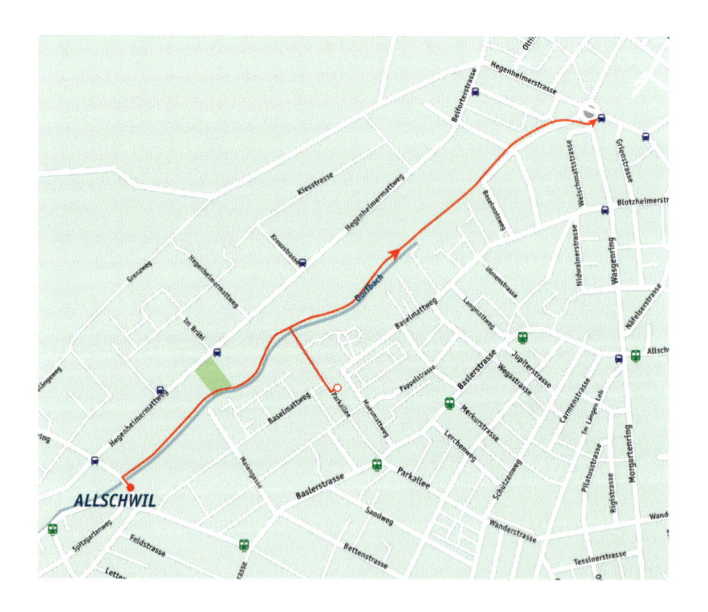

Info
Anfahrt Mit dem 6er-Tram oder Bus 48 zur Haltestelle Gartenstrasse in Allschwil.
Route Allschwil Gartenstrasse – Bachgraben-Weglein – Parkallee – Alterszentrum «Am Bachgraben», Restaurant Ambiente – Parkallee – Bachgraben-Weglein – Bachgrabenpromenade – Thomas-Kirche. **Dauer** 1 Std. **Einkehr** Restaurant Ambiente, Alterszentrum «Am Bachgraben» (geöffnet Di–Sa 11.30–22 Uhr, So 11.30–17 Uhr), www.ambiente-allschwil.ch. **Rückfahrt** Ab Haltestelle Thomas-Kirche mit Bus 36 oder 38/31 in alle Richtungen.

Bei der Gartenstrasse in Allschwil spazieren wir zum Elefantenacker-Pärkli, wo ein Springbrunnen, Bänke und Spielanlagen für Kinder zum Verweilen einladen. Wir aber gehen hoch zur Aufwölbung des Bachgrabens. Dort müssen wir uns entscheiden: den Weg links oder den Weg rechts des Grabens nehmen? Intuitiv wählen wir die linke Seite, weil wir vermuten, dass es da mehr zu sehen gibt. Gingen wir rechts, wäre es ein ganz anderer Spaziergang.

Am Bachgraben.

Wir folgen dem munteren Bach, der sich im Allschwiler Dorfzentrum aus dem Neuwiller Mülibach und dem Lützelbächli aus Schönenbuch gebildet hat. Sogleich flanieren wir unter einem schattigen Baumdach und finden uns in einer überblätterten Oase wieder. Zur Linken weiden Ziegen, und Bienen sammeln emsig Nektar und Pollen. Zur Rechten wachsen am Ufer Erlen, Pappeln und Weiden, die den schwankenden Wasserstand lieben. Während wir die abenteuerlichen Holzbauten des Allschwiler Freizeitzentrums passieren, schiebt ein älterer Herr seine Enkelin im Kinderwagen vorbei und sagt leicht genervt: «Ja, ja, du häsch schöni Füessli.» Ein Basler ist das nicht.

Ein Spitz schaut vom anderen Uferweg neugierig hinüber, bellt aber nicht. Wir entdecken Tennisplätze und das vielfach verschachtelte Actelion Business Center von Herzog und de Meuron mit seinem auffallenden Stapeldesign. Buchen, Ahorne und Haselsträucher säumen nun unseren Weg, plötzlich taucht zur Rechten ein bunt besprayter Bunker aus der Zeit des Zweiten Weltkriegs auf – Teil der Befestigungsanlage Sperrriegel West, die gebaut wur-

Das Bachgraben-Weglein.

de, um sich der deutschen Besatzer des Elsass zu erwehren.

Ein vier, fünf Meter hoher Strunk eines alten Baumes ragt prominent vor uns auf, aus dem oben frische Schösslinge spriessen – Totholz, stehen gelassen als Versteck für Kleintiere, das zu neuem Leben erwacht. Bei einer Holzbrücke weist ein braunes Schild auf das nahe Restaurant des Alterszentrums «Am Bachgraben», das wir über eine Anlage mit Kleinziegen und Brandgänsen erreichen und wo wir uns für den zweiten Teil unseres Spaziergangs stärken können.

Zurück beim Bachgraben bleiben wir auf der linken Seite. Wir passieren efeuumrankte und moosüberwachsene Stämme, aus einem Baumloch schaut ein Eichhörnchen, und auf einem Haselnussast zwitschert aufgeregt ein Rotkehlchen. Wieder gehen wir unter einem herrlichen Blätterdach durch diese schattig-feuchte Oase. Linkerhand tut sich ein beinahe englischer Rasen auf, es wird Fussball gespielt, manchmal auch Cricket, und schon bald erreichen wir den wilden Trubel des Gartenbads Bachgraben, wo uns ein vom Blitz getroffener Baumstrunk sein schwarzes Inneres offenbart. Über einen Holzsteg gelangen wir auf die andere Seite des Baches, der nun für immer im Boden verschwindet. Auf der sich anschliessenden Promenade treffen sich mit Vorliebe Hündeler, werfen Bälle und Stecken. Am Schulhaus Wasgenring und den Hütten des Spielplatzes Robi Bachgraben vorbei gelangen wir zur Thomas-Kirche, wo uns diverse Busse in die Richtung mitnehmen, die wir wünschen.

Mundstück
Ein Schaum-Mohrenkopf – so stehts auf dem goldigen Papier, in dem er eingewickelt ist – weckt im Alterszentrum «Am Bachgraben» Erinnerungen an die Kindheit. In diesem Fall darf man auch so sagen, da der Mohrenkopf aus Laufen stammt, dessen Bewohner mit dem Spitznamen «Muhre» bezeichnet wurden, was so viel wie «Wildschwein» bedeutet.

Fundstück
Wer wohnt und nistet wohl in diesem Baumloch? Unzählige als Totholz stehen gelassene Strünke bieten entlang des Bachgrabens kleineren Tieren Lebensraum und Verstecke.

🔴17 Vom Wasserturm zum Schällenursli

Von der Airolostrasse spazieren wir zum Wasserturm mit seinem schönen Rundblick, über die Batterie und den Marga Bührig-Weg nach dem idyllischen St. Margarethen, wo wir uns in der romantischen Besenbeiz «Schällenursli» verwöhnen lassen können.

Info
Anfahrt Mit Tram 15 bis Airolostrasse. **Route** Airolostrasse – Wasserturm-Promenade – Wasserturm – Batterieanlage – Rappenbodenweg – Gmeiniholzwägli – David Joris-Strasse – Marga Bührig-Weg – St. Margarethen – «Schällenursli» – Haltestelle Margarethen. **Dauer** 1,5 Std. **Einkehr** Besenbeiz Schällenursli, geöffnet während Sommerzeit. So Buurebrunch ab 10 Uhr, Mi–Sa 19–24 Uhr (Liste geschlossener Gesellschaften auf der Website www.schaellenursli.ch beachten – rechtzeitig reservieren, die Beiz ist sehr beliebt). **Rückfahrt** Ab Haltestelle Margarethen mit Tram 2 oder Bus 36 in die gewünschte Richtung.

Blick vom Wasserturm auf Basel.

Bei der Haltestelle Airolostrasse biegen wir in die Wasserturm-Promenade ein und folgen dem lauschigen Weglein unter Bäumen und zwischen Vorgärten bis zum Tiefen Boden, in dessen Nähe der 1926 zur Versorgung der Häuser auf dem Bruderholz erbaute Wasserturm aufragt. Wenn wir einen Franken einwerfen, können wir über 164 Treppenstufen den 36 Meter hohen Turm erklimmen und haben von der Aussichtsplattform einen wunderschönen Blick auf Basel, den Schwarzwald und den Jura. Aber auch der fast 100 Jahre alte Turm selbst mit seinen Treppen und Holzbänken ist eine Augenweide – ein immer seltener werdendes Beispiel für gelungene Industriearchitektur.

Wieder unten flanieren wir auf der Batterie Richtung Westen, wo ein Saurier aus dem Naturhistorischen Museum ein neues Plätzchen gefunden hat. Wenige Schritte weiter stehen wir auf der Batterie – einer Schanze, die 1815 auf dem höchsten Punkt des Bruderholzes errichtet wurde, um sich mit Artillerie-Geschützen der Bedrohung durch die Franzosen zu erwehren, die wegen ihrer Festung in Hüningen eine Gefahr für die Stadt darstellten. An der Nordseite der

Auf dem Bruderholz.

Batterie befindet sich das Wehrmännerdenkmal mit einer Bronzetafel, die an die gefallenen Basler Soldaten der Grenzbesetzung (1914–1918) und des Aktivdienstes (1939–1945) erinnert.

Wir folgen dem gelben Wanderwegweiser zu einem Blumenfeld mit herrlichen Liatris und anderen Blütenwundern, flanieren an Schrebergärten und Villen vorbei durch den Rappenbodenweg, erreichen das Gmeiniholzwägli in der Nähe des Bruderholzspitals und haben nun eine schöne Wiese und Weite vor uns mit Sicht bis in die Vogesen.

An einem Zuckerrübenfeld, einem alten, stehen gelassenen Baumstrunk und verschiedenen Grenzsteinen vorbei erreichen wir die David Joris-Strasse, biegen, immer der gelben Raute folgend, nach rechts in den gekiesten Marga Bührig-Weg, wo wir zwischen Äckern, Gärten und Villen schlendern und schliesslich wieder einen tollen Blick auf Basel haben – allerdings auch erkennen müssen, wie viel Wüstes da, ohne Rücksicht auf das Stadtbild, manhattanmässig in die Höhe schiesst. Allen, die sich einen Überblick über diesen Wildwuchs verschaffen möchten, kann man das Bruderholz nur wärmstens empfehlen.

In der Nähe der Sternwarte gelangen wir in den Margarethen-Park. Hier können wir direkt zum Kirch-

Blick vom Marga Bührig-Weg.

lein wandern oder noch eine kleine Extraschlaufe einlegen. Wenn wir ganz nach unten in den Park gehen, zum Loreley-Brunnen, finden wir unweit davon linkerhand einen reptilienartigen Baumstamm, der am Waldrand liegt. Dies ist der Startpunkt zum nicht mehr unterhaltenen verwunschenen Märchenpfad, auf dem wir mit etwas Suchen diverse verwitterte Holzskulpturen aufspüren können, die Fabeltiere und Monster darstellen.

Von hier sind es nur ein paar Schritte zum idyllischen St. Margarethen-Kirchlein mit seiner hübschen Aussichtsterrasse und zur nicht minder malerischen Holzscheune des Margarethenhofs, in der wir lukullisch bewirtet werden. An den grasenden Kühen des Hofs vorbei führt uns ein steiler Abstieg über die Friedhofstrasse zur Haltestelle Margarethen, von wo uns Tram und Bus wieder nach Hause bringen.

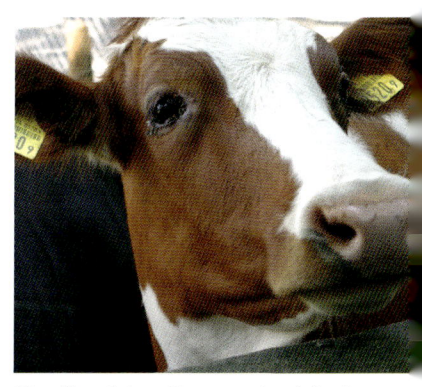

Chueli auf dem Margarethenhügel.

Mundstück

Von allem nur das Feinste! Schnappschuss vom lukullischen Buffet beim Buurebrunch im «Schällenursli» – auf alten Heuwagen werden in der luftigen romantischen Bauernscheune Köstlichkeiten frisch vom Hof angeboten.

Fundstück

Der grosse Saurier oben auf der Batterieanlage stammt ursprünglich aus dem Naturhistorischen Museum, wo für ihn nach dem Umbau 2009 kein Platz mehr war – der Neutrale Quartierverein Bruderholz hat den 23 Meter langen Diplodocus adoptiert und ihm im Grünen ein neues Plätzchen geschenkt.

⓲ Weite und Wollschweine

Vom Jakobsberg spazieren wir zum Zwölfjuchartenweglein, wo wir eine schöne Weite haben, dann über Klosterfiechten zum idyllischen «Predigerhof». Vom Tier- und Speiseparadies gehts zurück über Bruederholzrüti und durch den Fohrlisrain zum Spitzacker.

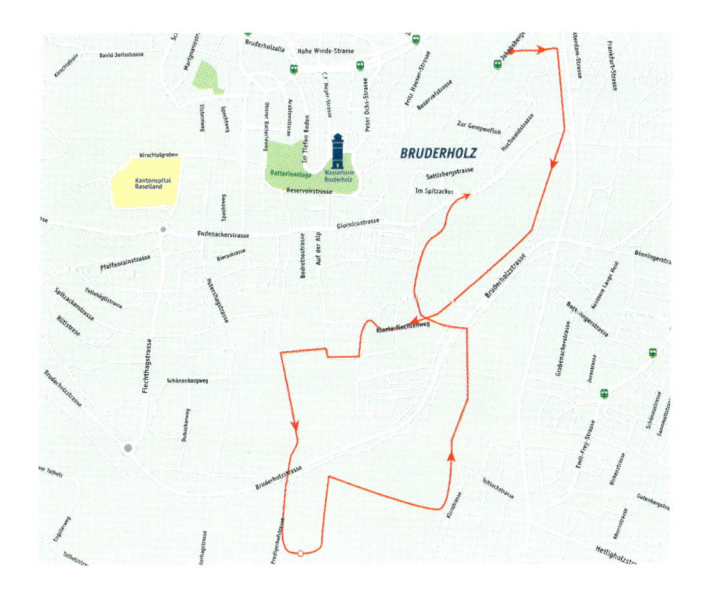

Info
Anfahrt Mit Tram 16, Bus 37, 47 zum Jakobsberg. **Route** Jakobsberg – durch den Wald – Emil Angst-Strasse – Hofweglein – Hangweglein – Zwölfjuchartenweglein – Klosterfiechten – Hundsbuckelweglein – Ob der Wanne – Predigerhof – Bruederholzrüti – Galgenbruederholz – Schrebergärten Fohrlisgraben – Klosterfiechten – Zwölfjuchartenweglein Richtung Wasserturm – Spitzacker. **Dauer** 2,5 Std. **Einkehr** Restaurant Predigerhof, geöffnet Mi–Sa 10–23 Uhr, So 10–21 Uhr, www.restaurant-predigerhof.ch. **Maislabyrinth** www.mathis-hof.ch. **Rückfahrt** Ab Haltestelle Spitzacker mit Bus 47 zurück nach Basel (Richtung Muttenz Bahnhof).

Beim Jakobsberg steigen wir aus Bus oder Tram und entdecken die hinter Bäumen versteckte Rudolf Steiner Schule. Auf der ihr gegenüberliegenden Seite schlendern wir Richtung Osten auf einem asphaltierten Weg in den Wald hinein. Nach ein paar Metern biegen wir rechts in einen laternengesäumten Pfad und gelangen über die kleine Anhöhe in die Emil Angst-Strasse. Dieser folgen wir talwärts, gelangen zum Hof- und schliesslich zum Hangweglein, spazieren immer abwärts den Häusern der Wohngenossenschaft Jakobsberg entlang bis zur Giornicostrasse, wo wir das Zwölfjuchartenweglein erreichen.

Hier sind wir schon richtig im Grünen, obwohl wir uns nicht weit der rege befahrenen Reinacherstrasse befinden. Der gekieste Weg führt uns über Wiesen mit reichlich Klee und an einer bewaldeten Böschung vorbei zu einem Grenzstein, dessen schwarzer Baslerstab von weisser Hintergrundfarbe übertropft ist – der Maler war nicht besonders ehrgeizig oder betrunken. Wenn wir etwas weiter gehen, tut sich beim Blick zurück eine schöne Weite auf. In der Ferne entdecken wir den Wasserturm und erreichen Klosterfiechten – einen sympathischen Biohof, wo man beim Bauern «in die Schule gehen kann». Gebirgsziegen, Katzen, Wellensittiche, ein Pfau, Ponys und ein Reitstall ergeben ein stimmiges Ensemble. Oberhalb des Hofes befindet sich zudem ein offenes Vollzugszentrum des Kantons, in dem Straftäter auf alternative Weise sachte wieder in die Gesellschaft zurückgeführt werden sollen.

Nicht ganz perfekter Grenzstein.

Auf dem Zwölfjuchartenweglein.

Nachdem wir ausgiebig die Ponys gestreichelt und ihnen beim Fressen zugeschaut haben, gehts nach links auf dem Hundsbuckelweglein (weisser Wegweiser) über Wiesen und Äcker, zu einer heimeligen Bank unter einer schönen alten Linde – «under der linden, da mugt ir finden, schone beide, gebrochen bluemen unde gras», heisst es schon bei Walther von der Vogelweide zu diesem Topos eines «locus amoenus», eines schönen Ortes. Wir erreichen die Anhöhe Ob der Wanne. Etwas weiter biegen wir in die Predigerhofstrasse ein, passieren, falls wir Lust haben, das Maislabyrinth, einen Brunnen, überqueren die Bruderholzstrasse und schlendern zum lauschigen «Predigerhof».

Die Wollsau hat gerade elf Frischlinge geworfen, der Schweinepapa ist ausser Rand und Band, die anderen suhlen sich genüsslich im Dreck. Der Bauer wirft Grünzeug in den Pferch, auf das sich alle stürzen, während in der Nähe Ziegen und Schafe grasen – eine perfekte Idylle und Wohlfühloase vor den Toren der Stadt. Im gut frequentierten Restaurant können wir uns nach dem Aufstieg stärken, gemütlich unter Bäumen oder in einer der schönen Stuben sitzen und uns mit lokalen Speisen verwöhnen lassen.

Nach der Rast nehmen wir den Weg, der beim Restaurant nach

Begegnung auf Klosterfiechten.

Frischlinge auf dem Predigerhof.

rechts zum Waldrand führt, über Bruederholzrüti und Galgenrain an mächtigen Strommasten vorbei hinunter an den Rand von Münchenstein. Dort, wo Schluchtstrasse und Felsenackerweg zusammentreffen, steigen wir steil hoch zum Schrebergartenareal Fohrlisrain, dem wir bis zum Wahlenweg folgen, wo wir durch einen Tunnel auf den Klosterfiechtenweg und wieder nach Klosterfiechten gelangen. Nun können wir, immer den Wasserturm vor Augen, auf dem westlichen Teil des Zwölfjuchartenwegleins spazieren, dessen östlichen Ableger wir beim Hinweg benutzt haben, um zur Giornicostrasse und zur Haltestelle Spitzacker zu kommen, wo uns der Bus Richtung Muttenz Bahnhof wieder in die Stadt bringt.

Mundstück
Schmackhafter Cheesecake im «Predigerhof» – hier kann man auch richtig essen, zum Beispiel eine Tagliata vom Regio Säuli mit Gemüse und Zitronenchärnotto oder ein Lammhüftli im Holundernest.

Fundstück
Das Wollschwein geniesst sein kühles Bad in der Schlammkuhle auf dem «Predigerhof». Bei unserem Besuch wuseln gerade elf Frischlinge im Stall rund um die Mutter herum – der Herr Papa wurde vorsichtshalber in einen eigenen Pferch gesperrt.

⑲ Die Magie der Meriangärten

Ein Spaziergang durch die Meriangärten in der Brüglinger Ebene, wo vor Jahrzehnten die Gartenausstellung «Grün 80» stattfand, eröffnet zauberhafte Einblicke in die heimische Pflanzen- und Tierwelt.

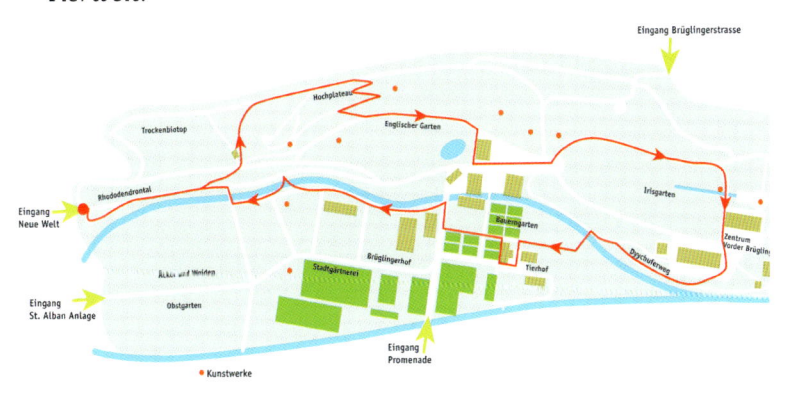

Info

Anfahrt Mit dem 10er-Tram nach Münchenstein, Neue Welt. **Route** Park im Grünen – Meriangärten – Rhododendrontal – Bienenhaus – Trockenbiotop und Hochplateau – Englischer Garten – Villa Merian – Vorder Brüglingen – Dyychuferweg – Tierhof – Kräutergarten – Mühle – Brüglingerhof – Lehmhaus – Rhododendrontal – Neue Welt. **Dauer** 2 Std. **Einkehr** Restaurant Seegarten, Familien-Restaurant geöffnet 9–18 Uhr, À-la-carte-Restaurant werktags 11.30–14 Uhr, 18–23 Uhr, am Wochenende 11.30–23 Uhr. www.seegarten-restaurant.ch. **Rückfahrt** Ab Haltestelle Neue Welt mit Tram 10 zurück in die Stadt.

Von der Haltestelle «Neue Welt» in Münchenstein spazieren wir am Restaurant «Seegarten» vorbei in den Park im Grünen. Beim St. Alban-See dirigiert eine Muttergans ihre neun oder zehn Kinder ins Wasser, während ein Haubentaucher gerade aus diesem auftaucht und einen Fels erklimmt. Wir halten nach links und gelangen zum Eingang in die Meriangärten. Schon stehen wir in einem verwunschenen Märchenwald, dem schattigen Rhododendrontal, das angelegt ist wie ein geheimnisvolles Labyrinth. Im Frühling ist es hier besonders schön, wenn die Rhododendren ihre unfassbare Blütenpracht entfalten.

Idylle bei der Villa Merian im Englischen Garten.

Mohn in den Meriangärten.

Auf einem steilen Weg gehts dann hoch zum Bienenhaus. Das Kommen und Summen hier ist beeindruckend, Hunderte von Bienen sind gleichzeitig im Anflug – dass es dabei nicht zu Kollisionen kommt, ist ein wahres Wunder. Rundum eröffnet sich uns das von Landschaftsarchitekt Dieter Kienast für die «Grün 80» geschaffene Trockenbiotop, das sich durch seine wilde Atmosphäre und seinen Artenreichtum auszeichnet. An diesem warmen und trockenen Südhang scheint es nicht nur den Bienen und den seltenen Pflanzen gut zu gefallen, es ist auch ein Paradies für Käfer und Eidechsen.

Über das Hochplateau an einer misteltragenden Eiche vorbei gelangen wir zur bezaubernden Villa Merian im denkmalgeschützten Englischen Garten. Ein idyllischer Seerosenteich ist hier angelegt, um den sich Reiher und Gänse scharen, ein Mädchenhaarbaum

Der Mädchenhaarbaum Gingko biloba.

Kunstwerk von Enzo Cucci hinter der Villa Merian.

(Gingko biloba) strebt inmitten einer charaktervollen Baumkulisse in die Höhe, und die weiss betuchten Tische des Café Merian bieten einen edlen Kontrapunkt zu all dem Grün. Hier, wo früher Christoph und Margaretha Merian ihren Sommersitz hatten, lässt es sich wahrlich stilvoll trinken und tafeln.

Unweit eines Kunstwerks von Enzo Cucci, zwei gigantischen Nägeln, streben wir nach oben Richtung Aussichtspunkt, wo uns ein schöner Ausblick in den Jura und den Schwarzwald erwartet und wir ganz in der Nähe bei den Schmetterlingsblütlern einen Judasbaum entdecken. Vom Aussichtspunkt schlendern wir zu den Irisgärten in Vorder Brüglingen, passieren eine Präzisions-Sonnenuhr, welche die Zeit erstaunlich genau anzeigt, und gehen hinunter zum lauschigen Dyychuferweg. Über einen Holzsteg überqueren wir den Dyych und gelangen, eine alten Bauerngarten passierend, zum charmanten Tierhof mit seinen

Küken beim Tierhof.

Blick zur Villa Merian.

Schafen, Hasen und Hühnern – wenn wir Glück haben, ist eine der Hennen gerade von einer Schar Küken umringt.

Von hier sind es nur wenige Schritte zur Orangerie, wo aromatische Kräuter in Töpfen an einem Holzgerüst hängen und unsere Nasen bezirzen. Nach Orangenminze und Honigmelonensalbei erreichen wir über einen Garten mit chinesischen Heilkräutern die romantische Mühle und das Mühlenmuseum, wo wir erfahren, dass der Dyych im 17. Jahrhundert künstlich angelegt wurde, um das Wasserrad der alten Getreidemühle anzutreiben. Beim Brüglingerhof gegenüber können wir Gemüse, Früchte und Eier direkt aus den Meriangärten beziehen.

Weiter gehts am Lehmhaus vorbei und dem Dyych entlang mit seinen lauschig-schattigen Plätzchen. Jetzt könnten wir noch in den Obstgarten, uns treibt es aber wieder ins stille Rhododendrontal, das eine fast magische Kraft ausübt. Die Meriangärten zu verlassen, ist nicht schwer, aber es fühlt sich an wie ein Kulturschock – in kürzester Zeit ist man wieder in der «richtigen» Welt, mit Selbstbedienungsrestaurant und Tramhaltestelle.

Um die Stadt   Die Magie der Meriangärten 111

Fundstück
Eines der zahlreichen entzückenden Geschöpfe auf dem Tierhof – der Zwerghase hat sich wie eine Katze auf die Pfoten gelegt und harrt der Dinge, die da kommen sollen.

Mundstück
Herrliche Johannisbeeren, gereift in den Meriangärten, direkt vor der Scheune des Brüglingerhofs zu beziehen. Falls niemand dort ist, legt man das Geld einfach ins Kässeli.

Mundstück
Eisgekühltes Smoothie für heisse Tage – im Restaurant Seegarten wird farbenfroh und vielfältig für das leibliche Wohl gesorgt.

🅴 Wald und Wasser

Bei Birsfelden Hard betreten wir den Hardwald und schlendern zum beliebten Waldhaus, wo wir einen schönen Blick auf den Rhein haben. Von da zur Schiffsstation und auf dem Wasser zurück oder wieder durch den Wald nach Birsfelden Hard.

Info
Anfahrt Mit Tram 3 nach Birsfelden Hard. **Route** Birsfelden Hard – Burenweg – Hardwald – Waldhaus – Schiffsstation Waldhaus/Muttenz Schifflände oder via Hardwald zurück nach Birsfelden Hard. **Dauer** Eine gute Stunde. **Einkehr** Restaurant Waldhaus, 7 Tage geöffnet, Mo–Sa 7.30–23.30 Uhr, So 7.30–22 Uhr. www.waldhaus-basel.ch. **Rückfahrt** Mit dem Kursschiff der Basler Personenschifffahrtsgesellschaft ab Muttenz Schifflände nach Basel Schifflände (nur nach Voranmeldung ab 10 Personen) oder mit Tram 3 zurück in die Stadt.

Bei Birsfelden Hard folgen wir dem gelben Wanderwegzeichen und biegen in den Burenweg ein. Nach wenigen Schritten kommen wir zum Brunnen vor dem Gebäude der Hardwasser AG, der, so mahnt das Schild der Firma, keine Hundebadewanne sei. Wir passieren den Forstbetrieb der Bürgergemeinde Basel, überqueren einen Zubringer zum Hafenareal und die entsprechende Bahnlinie, um dann in den ausgedehnten Hardwald einzutauchen. Früher war die Hard eine lichte Waldweide mit vielen Eichen für die Eichelmast, dann wurde daraus ein Hochwald mit reichlich Buchen für die Holzwirtschaft, was Licht liebende Pflanzen vertrieb und das Areal zunehmend verdunkelte. Seit 1955 dient der Wald als Folge der massiven Wasserknappheit von 1947 der Trinkwasseranreicherung für die Stadt Basel – man lässt Rheinwasser in den Niederterrassenschottern der Hard versickern, wodurch es auf natürliche Weise gereinigt wird.

Brunnen im Hardwald.

Blick vom Waldhaus.

Das Waldhaus.

Im Wald erreichen wir eine Blockhütte und eine Schonzone, die aus Gründen der Regeneration umzäunt ist – in der Nähe von stark frequentierten Rastplätzen leiden die Bäume, da die vielen Besucher den Waldboden festtreten, den im Boden keimenden Nachwuchs zerstören, die Stämme mit Sackmessern verletzen, auf diese Weise die Bäume schwächen und für Pilzbefall anfällig machen.

Wir passieren umgestürzte Stämme, zersplitterte Strünke, Holzhaufen und junge Buchen, während links und rechts kleine Pfade abführen. Bänke der Bürgergemeinde Basel säumen den Weg, und mitten im Wald stossen wir auf einen uralten morschen Brunnen, der von Moos überwuchert ist. Stangen des Vitaparcours laden zu Klimmzügen ein, da und dort zeigen sich kleine Reservoire oder Sprinkler der Trinkwasseraufbereitung, etwas weiter wird Jungwald hochgezogen.

Beim Waldhaus.

Um die Stadt Wald und Wasser 115

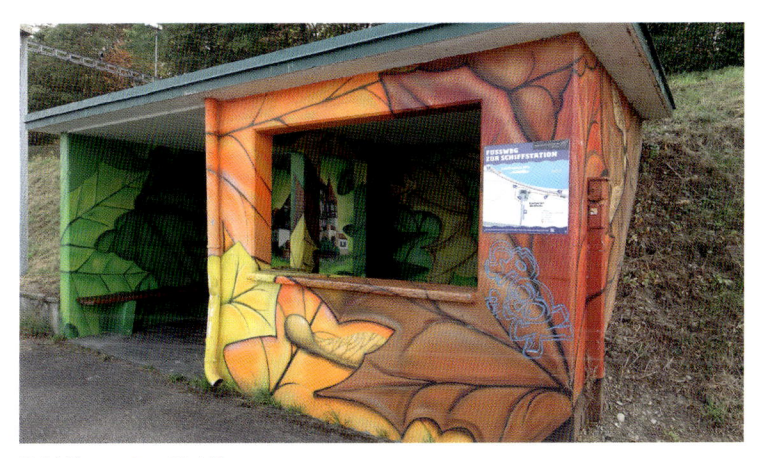

Schiffsstation Waldhaus.

Nach knapp einer halben Stunde erreichen wir das Waldhaus. Auf der schönen Gartenterrasse lässt es sich trefflich verweilen. Hoch über dem Rhein geniessen wir den Blick ins Grüne, auf die deutsche Seite und die gemächlich dahintuckernden Lastkähne. Kinder können sich auf dem Spielplatz tummeln, ein Hühnerhof lädt zur Eierkontemplation ein.

Nachdem wir uns an einem schattigen Plätzchen haben verwöhnen lassen, wählen wir den Pfad zur nahen Schiffsstation. Dazu folgen wir dem blau-weissen Wegweiser rheinaufwärts, vorbei am Kinderspielplatz. Dort, wo es zum Restaurant «Auhafen» hinuntergeht, stechen auch wir hinunter und flanieren dann auf dem Strässchen neben den Geleisen zurück, queren diese beim Bahnübergang und gelangen zur Muttenzer Schifflände, der knallbunt bemalten Schiffsstation des Waldhauses. Wenn wir es zeitlich gut eingerichtet haben, können Gruppen ab 10 Personen am frühen Nachmittag unter Voranmeldung mit dem Kursschiff durch die Birsfelder Schleuse auf spektakuläre Art nach Basel zurückschaukeln.

Falls wir das Schiff verpassen oder es nicht fährt, können wir beim Bahnübergang steil das Rasenbord hoch und auf dem Weg dem Waldrand entlang und durch den Wald zurück nach Birsfelden Hard spazieren.

Mundstück
Dieses Stück Saint-Honoré-Torte sah vielversprechend aus, war grösstenteils tatsächlich saftig und mundig, der Blätterteig allerdings von mittlerer Qualität.

Fundstück
Auf ein derartiges Schild trifft man auch nicht alle Tage – die Hardwasser AG erinnert daran, dass ihr Brunnen keine Hundebadewanne sei.

21 Spektakulärer Abenteuer-Trip

In der Nähe des Schulzentrums von Wyhlen treten wir in die verträumte, märchenhaft wilde Ruschbachschlucht ein und folgen ihr hoch bis zur Chrischona. Trittfestigkeit, Wander- oder Bergschuhe sind hier ein Muss, Vorsicht bei Nässe!

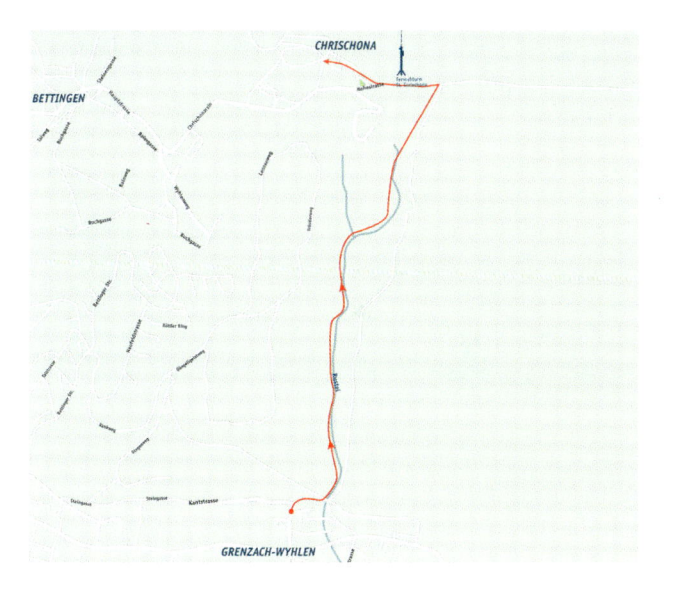

Info
Anfahrt Mit Bus 38 nach Wyhlen Schulzentrum. **Route** Wyhlen Schulzentrum – Kantstrasse – Schneckenbergweg – Wyhlen Ziegelhof – Ruschbachtal – Rudishauweg – bei Rustel links ab auf der Westwegvariante Richtung Ruschbachfälle, auf dem für Reiter und Radfahrer gesperrten Waldweg – Ruschbachfälle – Grenzstein 100 – St. Chrischona. **Dauer** 1,5 Std. **Einkehr** Verpflegung aus dem Rucksack. **Rückfahrt** Bus 32 ab Chrischona bis Bettingerstrasse, dort mit Tram 6 in die gewünschte Richtung.

Im wilden Ruschbachtal.

Beim Schulzentrum Wyhlen nehmen wir die Kantstrasse und biegen oben rechts in den Schneckenbergweg ein, um am historischen Rebhaus vorbei, wo die Winzer früher ihre Spritzbrühanlage hatten, zum Wegweiser Ziegelhof zu gelangen. Auf dem Rudishauweg steigen wir weiter hoch, bis wir bei Rustel links in den Pfad zu den Ruschbachfällen abzweigen. Ein Schild warnt vor der gefährlichen, steilen Wegstrecke, bei Nässe sollten wir sie nicht begehen. Bei jedem Wetter ist es von Vorteil, Wander- oder Bergschuhe zu tragen, denn das Terrain ist feucht und rutschig. Stand- und Trittfestigkeit sind gefragt und auch Kondition, denn es geht rund 250 Höhenmeter aufwärts – wir werden ganz schön ins Schwitzen kommen. Aber mit dem richtigen Schuhwerk und der nötigen Vorsicht ist der Aufstieg kein Problem, und die spektakulär wilde Schlucht entschädigt für alle Strapazen.

Zur Linken dämmert ein kleines Staubecken vor sich hin und schon sind wir in dem engen, feuchten, dicht bewaldeten Tal, in dem uns ein gutes Dutzend Brücken und Stege immer wieder auf die andere Seite des Ruschbachs bringen. Mächtige umgestürzte Bäume und von Moos überwachsene Stämme, die quer durch das Bachbett lie-

Umgestürzter Baum im Ruschbachtal.

gen, bestimmen die Szenerie. Ein mehrere Meter grosser Wurzelstock wurde aus dem Erdreich gerissen und grüsst nun «kopfüber» aus dem Graben. Wild ist es hier, archaisch und märchenhaft verträumt: Während des gesamten Spaziergangs in der Schlucht begegnen wir keinem einzigen Menschen.

Es plätschert, gurgelt und gluckst, der schmale Pfad ist rutschig und abenteuerlich, mit der nötigen Vorsicht aber gut begehbar. Ausgedehnte Schachtelhalm-, Farn- und Moosinseln säumen den idyllischen Graben, alle Pflanzen, die gerne feucht haben, gedeihen hier bestens. Eine Weinbergschnecke kreucht über den Weg, Brombeerstauden strecken uns ihre Früchte nachgerade in den Mund, am Wegrand leuchten Aronstab, Pilze und Hirschzungen.

Schliesslich erreichen wir einen massiven Eisensteg mit entsprechender Treppe. Nachdem wir zuvor der roten Raute gefolgt sind, ist es nun plötzlich eine gelbe. Beeindruckt passieren wir einen abgebrochenen Baum, an dessen Reststamm wie Lampenschirme riesige Holzpilze prangen. Bei einer der nächsten Eisenbrücken ladet ein gewaltiger, von Moos überzogener, auf der Oberseite abgeschliffener Stamm zum unkonventionellen Sitzen ein.

Tuffsteinfels im Ruschbachtal.

Der Ruschbach.

Beim folgenden Holzsteg müssen wir aufpassen. Eine Reihe von Latten ist wacklig und neigt sich gefährlich zur Seite, eine weitere Latte hat ein grosses Loch – hier bewegen wir uns langsam und mit äusserster Vorsicht, treten nur dort auf, wo die starke Längsverstrebung unter den Latten Sicherheit bietet, um nicht zwei Meter in die Tiefe zu rauschen.

Danach sind alle Stege wieder in tadellosem Zustand. Wo sich das romantische Tälchen in links und rechts teilt, queren wir den Eisensteg nach rechts und folgen dem schmalen Pfad hoch zu den Ruschbachfällen, die sich – wenn es geregnet hat – über einen schönen

Der Chrischona-Turm.

Tuffstein ergiessen. Nahe der Kalksinterformationen geht es nun steil hoch zum Wegweiser «Bei den Ruschbachfällen», wo wir die Forststrasse queren und uns auf einem überwucherten Pfad, mehrere Grenzsteine passierend, zu Grenzstein 100 durchkämpfen.

Oben auf dem Chrischonaweg gehen wir nach links, vorbei am Sendeturm bis zur Kapelle, wo wir die Aussicht geniessen. Zum Schluss schlendern wir verschwitzt, aber froh zur Busstation – eine solch märchenhafte und abenteuerliche Idylle so nah bei der Stadt, wer hätte das gedacht?

Grenzstein 100.

Um die Stadt   Spektakulärer Abenteuer-Trip 121

Mundstück
Besser als alles, was man im Restaurant haben kann – saftige Brombeeren, die uns in der Ruschbachschlucht geradezu in den Mund hineinhängen.

Mundstück
Farbenprächtige Kürbisse warten auf einem Gestell auf der Chrischona, um in schmackhafte Suppe verwandelt zu werden.

Fundstück
Eine sehr spezielle Sitzbank mitten im Ruschbachtal – ein behauener, moosüberzogener Stamm.

22 Durchs nimmergrüne Immergrün

Vom Wyhlener Schulzentrum wandern wir durch Deutschlands grössten Buchsbaumwald zum Hornfelsen und bis zur Grenze beim Hörnli. Der Pfad ist teils schmal und ausgesetzt, das Gelände urwaldartig und abschüssig. Trittfestigkeit, gute Kondition und Wanderschuhe sind Voraussetzung für diese Tour.

Info
Anfahrt Mit Bus 38 nach Wyhlen Schulzentrum. **Route** Wyhlen Schulzentrum – Kantstrasse – Schneckenbergweg – Ziegelhofstrasse – Rötelsteinfelsen – Forsthütte Dängeligeistweg – Jäggiweg – Striegelbank – Erlenweg – Auweg – Im Proli – Schützenhaus – Hornfelsen – Riehen, Hörnli Grenze. **Dauer** Etwas mehr als 2 Std.
Einkehr Restaurant «Hörnli», Mo–Fr 9–19 Uhr. www.restaurant-hörnli.ch.
Rückfahrt Bus 38 ab Riehen, Hörnli Grenze zurück in die Stadt.

Start unserer Wanderung ist bei der Bushaltestelle Schulzentrum Wyhlen. Über Kantstrasse und Schneckenbergweg erreichen wir die Ziegelhofstrasse, wo uns der Wegweiser des Schwarzwaldvereins über unsere Möglichkeiten orientiert. An Villen mit mediterranen Pflanzen vorbei folgen wir der roten Raute Richtung Rötelsteinfelsen. Wir haben einen schönen Blick auf Grenzach und hinüber in die Schweiz, bevor uns der Wald aufnimmt und wir auf einem schmalen Pfad in einen wilden Urwald gelangen. Umgestürzte Stämme liegen quer über dem Weg, da und dort hängen uns Äste ins Gesicht.

Der Rötelsteinfelsen.

Unterwegs auf dem Buchsbaumpfad.

Der mächtige Rötelsteinfelsen ragt mitten im Wald steil auf. Leicht rötlich gefärbt ist er eine imposante Erscheinung. Wir passieren von Moos und Holzpilzen überzogene Stämme und vollkommen kahle Buchsbaumgrüppchen – die Raupe des Buchsbaumzünslers, eines aus Ostasien eingewanderten Kleinfalters, hat zusammen mit Pilzen ganze Arbeit geleistet. Deutschlands grösster Buchsbaumwald ist nur noch ein Schatten seiner selbst. Trist und trostlos wirkt das auf den ersten Blick. Wenn man sich die vielen kahlen Buchsbäume länger ansieht, zeigt sich im toten Wald jedoch auch eine geheimnisvolle, abgründige Schönheit. Selbst wenn der Anblick deprimierend ist, steigt die

Erkenntnis auf, dass es auch im Tod Schönheit gibt.

Nach einer Weile gelangen wir zu einem gefährlich wackligen Holzsteg, den wir am besten rechts am Hang auf dem Laub umgehen. Schliesslich erreichen wir eine Lichtung, wo sich der Pfad wendet und uns zur Forsthütte beim Dängeligeistweg führt. «Lina» ist tief in den Baum bei der Hütte eingeritzt – da hat jemand seine grosse Liebe oder sich selbst verewigt.

Wir gehen rund hundert Meter auf dem breiten Forstweg und scheren dann links in den Jäggiweg Richtung Striegelbank aus. Jetzt sind wir wieder auf einem abenteuerlich schmalen Pfad und entdecken sogar den einen oder anderen Buchsbaum, der das Raupenmassaker überlebt hat. Linkerhand

Begegnung in Grenzach.

geht es gfürchig steil hinunter, der Pfad ist mit Holzlatten gesichert, Schwindelfreiheit und Trittsicherheit sind hier ein Muss.
Schliesslich erreichen wir unter einem Felssporn eine verfallene, von Moos überzogene Bank – ob das die Striegelbank ist? Vermutlich nicht, aber ganz sicher sind wir nicht. Ein riesiger Baumstamm samt Wurzelstock ist ein paar Schritte weiter halb auf den Pfad gekippt und ver-

Durch den kaputten Buchsbaumwald.

sperrt uns den Weg – wir ducken uns unten durch und hoffen, dass er nicht ganz umfällt.

Durchs Gezweig erhaschen wir nun, wie auf fast allen unseren Spaziergängen, das neue Wahrzeichen der Stadt, den Roche-Turm. Nach einer Aussichtskanzel – vermutlich die Striegelbank – passieren wir erneut ausgedehnte kahle Areale. Bei der Bettingerstrasse kommen wir in ein Villenviertel, das wir über Erlenweg, Talstrasse, Auweg und Im Proli rasch hinter uns lassen. Nach dem Schützenhaus verschluckt uns der Wald wieder. Bald erreichen wir den Hornfelsen, ein Aussichtspunkt, von wo man einen wunderbaren Blick auf Basel hat. Dann geht es ruppig runter zum Hörnli.

Der Spaziergang hat uns an die Vergänglichkeit alles Lebenden erinnert – daran, dass alles einen Anfang und ein Ende hat. Leicht wehmütig und melancholisch nehmen wir den letzten Abschnitt zur Busstation bei der Grenze unter die Füsse. Wahrscheinlich ist es kein Zufall, dass wir nach dem anspruchsvollen Waldtrip beim Friedhof Hörnli wieder ins Leben zurück gelangen.

Mundstück
Dieser herrliche Apfel streckte sich bereits zu Beginn unserer Tour beim Schneckenbergweg in unseren Mund. Auch auf halber Distanz stiessen wir auf reich behangene Apfelbäume, die Hälfte der Früchte schon am Boden. Offenbar war niemand interessiert daran, sie zu ernten.

Fundstück
Diese uralte, mit Moos überzogene Bank ist zum Sitzen wohl nicht mehr geeignet – zum Betrachten aber ein Bijou.

🔴23 Kurze Weile in den Langen Erlen

Ein Spaziergang von Riehen Dorf, dem alten Teich entlang in die Langen Erlen, mit einem kulinarischen Zwischenhalt bei der «Schliessi» und einem lohnenswerten Abstecher in den Tierpark.

Info

Anfahrt Tram 6 bis Riehen Dorf. **Route** Riehen Dorf – Erlensträsschen – Am alten Teich – Grendelmatte – Mattenhof – Hüslimattweg – Hüslimatte – Breitmattenweg – Neuer Teich – Riehenteich – Wildschutzweg – Schliessi – der Wiese entlang bis zum alten Bahnsteg – Tierpark Lange Erlen – Bushaltestelle Lange Erlen. **Dauer** 2 Std. **Einkehr** Restaurant Schliessi, geöffnet Di–Fr 9–22 Uhr, So 9–20 Uhr. www.restaurant-schliessi.ch. Parkrestaurant Lange Erlen, geöffnet Okt.–März, Di–Sa 9–23 Uhr, So und Mo 9–18 Uhr. April–Sept. dasselbe, ausser So und Mo bis 21 Uhr. www.langeerlen.ch. Tierpark Lange Erlen März–Okt. 8–18 Uhr. Nov.–Feb. 8–17 Uhr. www.erlen-verein.ch. **Rückfahrt** Ab Haltestelle Lange Erlen mit Bus 36 Richtung Schiffländi oder Kleinhüningen.

Um die Stadt Kurze Weile in den Langen Erlen 127

Kleines Wasserrad am alten Teich.

Riehen Dorf ist Ausgangspunkt unseres Spaziergangs. Nach der Tramhaltestelle biegen wir ins Erlensträsschen ein und flanieren westwärts, bis die Häuser aufhören. Beim alten Teich, wo das Wasser Richtung Stadt sprudelt, zweigen wir links ab und folgen dem quirligen Bach. Ein winziges Holzwasserrad mit kleinen Schaufeln dreht sich in der Strömung, vielleicht sorgt es sogar für Energie, während der alte Dyych sich immer wieder zwischen Gestrüpp und Gesträuch versteckt. Rechts tut sich ein weites Feld mit Klee und Mohnblumen auf, linkerhand passieren wir Gärten mit Äpfeln und Trauben.

Bei den Sportplätzen der Grendelmatte spazieren wir nach rechts, passieren den charmanten, 1906 erbauten Mattenhof mit der schönen Weide und dem hübschen Kirschbaum und gelangen schliesslich beim Waldrand auf den Hüslimattweg, dem wir stadtwärts folgen. Eine Wiese ist zur Hälfte frisch gemäht, unter einem Baum steht ein zauberhaft altes, hellblaues Bienenhäuschen auf Rädern, und dort, wo das Gras noch hoch steht, tummeln sich bimmelnde Schafe. Hier fühlt es sich an wie auf dem Land, lauschig wie in einer Idylle mit Heidi und Alpöhi.

Ein paar Schritte weiter suchen Dutzende von Raben die frisch gemähte Wiese nach Essbarem ab, wir passieren Tennisplätze, sich raufende Schäferhunde und eine Schrebergartensiedlung. Da taucht, wie bei manchen unserer Gänge,

In den Langen Erlen.

unverwandt der Roche-Turm vor unseren Augen auf – das Einzige, was von Basel zu sehen ist. Offenbar das neue Wahrzeichen der Stadt.

Bei der Hüslimatte halten wir uns nach rechts, kommen in den Wald und zu einem ausgedehnten Teich, wo uns Enten und ein Fischreiher begrüssen. Durch die Langen Erlen gelangen wir über verschlungene Pfade und den Wildschutzweg zur Wiese, und schon bald erreichen wir das Restaurant «Schliessi», wo es sich lohnt, eine Rast einzuschalten – die Beiz im Nirgendwo ist nur zu Fuss oder mit dem Fahrrad zu erreichen. Das Gastro-Magazin «Salz und Pfeffer» hat sie als «sehr individuellen Ort mit dem gewissen Etwas» beschrieben.

Nachdem wir uns auf der sonnigen Terrasse oder am Kaminofen unweit des Klaviers gestärkt haben, schlendern wir dem rauschenden Fluss entlang, dessen Ufer von jeder Menge Hündelern, Spaziergängern und Sonnenbadenden in Beschlag genommen wird. Bei der verrosteten Eisenbahnbrücke stechen wir links in den Wald hinein und kommen nach kurzer Zeit zum Hintereingang des Tierparks Lange Erlen.

Der Wiese entlang.

Storch im Tierpark Lange Erlen.

Das Erste, was wir sehen, ist ein Storch, der hoch oben auf einem Baumstamm nistet, dann ein Pony, das Heu frisst, Ziegen, Schweine und – besonders eindrücklich – ein Luchs, der nicht nur Augen hat wie seinesgleichen, sondern mit seinen Pinselohren auch extrem gut hören kann: Die feinen braunen Haare an den Ohren funktionieren nämlich wie Richtmikrofone und lenken den Schall in Richtung der Gehörgänge. So kann der Luchs Geräusche wahrnehmen, die einen Kilometer weit weg sind – es macht also keinen Sinn, wenn wir versuchen, uns anzuschleichen, um ein tolles Bild von ihm zu schiessen, weil er uns schon bei der Hüslimatte gehört hat.

Nicht minder imposant ist der Uhu, der auf einem Ast steht und uns

Teich im Tierpark.

unverwandt anstarrt, als sei er der König hier – kein Wunder heisst «Uhu» auf Französisch «Grand duc», Grossherzog. Es folgen ein Hirsch, eine Gämse und ein junger Fuchs, allesamt aus nächster Nähe zu beobachten. Den Abschluss machen die Wildkatze, die unserem Kater Oscar verdächtig ähnlich sieht, und die Wildschweine, und dann sind wir auch schon wieder draussen nicht weit vom Bus, den wir, auch ohne Pinselohren, schon von Weitem hören.

Fuchs im Tierpark Lange Erlen.

Mundstück
Bei dieser herzhaft würzigen Quiche in der «Schliessi» läuft dem hungrigen Spaziergänger das Wasser im Mund zusammen. Man kann hier – auf Vorbestellung – auch Risotto haben, Waldfest, Frikadellen oder andere schmackhafte Kulinaria.

Fundstück
Der scharfe Blick des Uhus – seinen auffälligen orangegelben Augen entgeht nichts. Das Gefieder fast das Fell einer Katze, mit ungemein starken Beinen und Füssen und einem spitzen Schnabel wartet er auf ein geeignetes Mundstück – eine Taube, Ente, Maus oder Ratte.

24 «Ist das Kunst oder kann das weg?»

Vom Vitra Design Museum in Weil am Rhein spazieren wir den 24 Stopps des Künstlers Tobias Rehberger entlang, lassen uns von knallbunten Installationen und Skulpturen überraschen und gelangen dabei durch wunderschöne Rebberge und Landschaften zur Fondation Beyeler in Riehen.

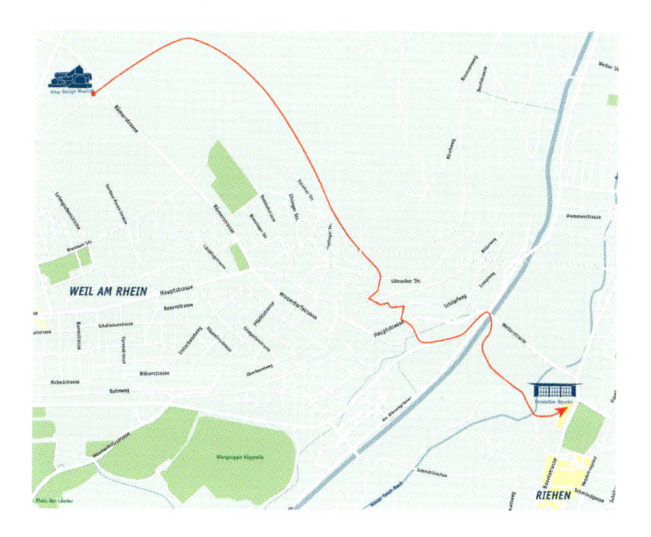

Info
Anfahrt Vom Claraplatz mit Bus 55 Richtung Haltingen bis Weil am Rhein, Vitra.
Route Vitra Design Museum – Römerstrasse – Verner-Panton-Weg – Weilweg kurz nach links – Torgass – Wittlinger Strasse – Stiege – Riehener Strasse – Lörracher Strasse – Steingasse – Chrischonaweg – Unterer Schlipfweg – Stettener Weg – Hauptstrasse – Zollamt – Weilstrasse – Am Wiesengriener – Bachtelenweg – Fondation Beyeler. **Dauer** 2 Std. **Einkehr** VitraHaus Café, täglich geöffnet 10–18 Uhr, www.vitra.com. Restaurant im Berowergut, Fondation Beyeler, täglich geöffnet 10–18 Uhr, Mi 10–20 Uhr, www.fondationbeyeler.ch. **Rückfahrt** Mit Tram 6 von der Fondation Beyeler zurück in die Stadt.

Beim Vitra Design Museum lohnt es sich, ein wenig zu verweilen, sich die Ausstellung anzusehen und die diversen Designobjekte, die auf dem Gelände zu finden sind. Auch das VitraHaus Café mit seiner sonnigen Terrasse lädt zum Bleiben ein.

Nachdem wir ein wenig herumgeschnuppert haben, gehen wir zur Charles-Eames-Strasse, wo die erste oder je nach Gehrichtung letzte Installation des Rehberger-Wegs steht: eine grosse, hellblaue Glocke mit einem orangen Klöppel, die, wenn man den Klöppel gegen die Glockenwand schlägt, tatsächlich einen vibrierenden, langgezogenen Ton von sich gibt, der weitherum zu hören ist.

Tobias Rehbergers Hochsitz.

Nach Tobias Rehbergers Kunstglocke überqueren wir die stark befahrene, nicht gerade zum Flanieren einladende Römerstrasse und gehen nach rechts Richtung Basel. Dort steht eine Reihe von Rehbergers knallbunten Kunststoff-Vogelhäuschen, in denen wir keine nistenden Tiere vorfinden, denen

Auf dem Rehberger-Weg durch die Weinberge.

Roche-Turm und Raubvogel.

wir aber bis zum Verner-Panton-Weg folgen. Hier biegen wir links ab und stehen vor der Stab-Installation des Basler Künstlers Dieter Thiel mit den bekannten Panton-Farben des dänischen Pop-Art-Designers. Eine zufällig vorbeikommende Frau in den Fünfzigern sieht sie sich an und fragt ihren Mann: «Ist das Kunst oder kann das weg?»

Nein, das kann nicht weg, aber wir können weiter zum knallgelben Hochsitz beim Weilweg. Auf eigene Gefahr können wir ihn besteigen, aber mit Stürzen haben wir unsere Erfahrungen gemacht, hier müssen wir nicht unbedingt hochkraxeln, zumal der Gewinn an Aussicht bescheiden scheint.

Wir gehen kurz nach links, um beim farbigen Unterstand bei der Torgass weiter hochzusteigen. Insgesamt ist der Rehberger-Weg leider schlecht oder gar nicht signalisiert, so dass wir immer nach dem nächsten bunten Objekt Ausschau halten müssen und eine mindestens dreifach vergrösserte Wanderkarte der 24stops-Webseite (www.24stops.info) mit uns führen sollten, sonst sind wir trotz exzellentem Orientierungssinn rettungslos verloren.

Unvermittelt finden wir uns auf dem Weiler Weinweg wieder, wo links und rechts Rebsorten für Spitzenweine wachsen, wie etwa der Blaue Spätburgunder (Pinot noir). Die Aussicht vom Weinberg Richtung Basel und Rheinebene ist prächtig. Knallbunte Mülleimer,

Kleine Naschstation.

Eines von Rehbergers Bienenhäuschen.

ein ebensolcher «Baum», ein violettes Fernglas, grün-gelbe Strassenlaternen und ein Brunnen mit Dusche säumen den Weg – alles Design-Kunstwerke von Tobias Rehberger. Leider verliert das Ganze mit der Zeit an Reiz, weil es immer dieselbe Idee ist – knallbunter Kunststoff mit abweisend kalter Oberfläche in wunderschöner Natur. Dieses Konzept wird gnadenlos durchgezogen, wirkt nach der Hälfte der Stationen aber etwas bescheiden, leer und langweilig.

Es folgen ein Billboard, eine Wandmalerei, die wir, obwohl unmittelbar vor unseren Augen, fast nicht entdecken (Steingasse), ein Wegweiser, zur Abwechslung mal zwei Bodenarbeiten und zwei Kuckucksuhren und dann sind wir auch schon in der Schweiz, wo wir an Rehbergers Bienenhäuschen, einer Wetterfahne, einem Wetterhäuschen und einem Wasserspeier zu seinen Vogelkäfigen gelangen, die über dem Hof des Kunstraums Riehen hängen, und bis zur grünen Glocke beim Eingang der Fondation Beyeler, die man übrigens auch zum Klingen bringen kann.

Wen diese Konzeptkunst zu sehr an Design erinnert, wem die Installationen zu farbig, zu brachial

Kunst oder echt?

und zu billig erscheinen, der kann nun mit gut durchblutetem Körper in die Fondation Beyeler und sich Werke anschauen, die Gewicht und Tiefe haben, die ganz andere Fragen aufwerfen, eine starke Wirkung erzeugen und so den abgrundtiefen Unterschied zwischen Design und Kunst wunderbar erfahrbar machen.

Balthus' «Le chat au miroir III» in der Fondation Beyeler.

Mundstück
Schmackhafte Rüeblitorte mit Kaffee auf der sonnigen Terrasse des VitraHaus Cafés auf dem Vitra Campus in Weil am Rhein.

Fundstück
«Hommage à Verner Panton» vom Basler Künstler Dieter Thiel. Die Skulptur aus zwölf drei Meter hohen Stäben in den bekannten Panton-Farben findet sich am Verner-Panton-Weg.

25 Aussicht, Aussicht, Aussicht

Von Haltingen spazieren wir nach Ötlingen, wo sich nicht nur wegen der fantastischen Aussicht eine Rast anbietet. Durch die Weinberge gehts weiter zum Tüllinger Hügel und von da steil über den Schlipf hinunter nach Riehen.

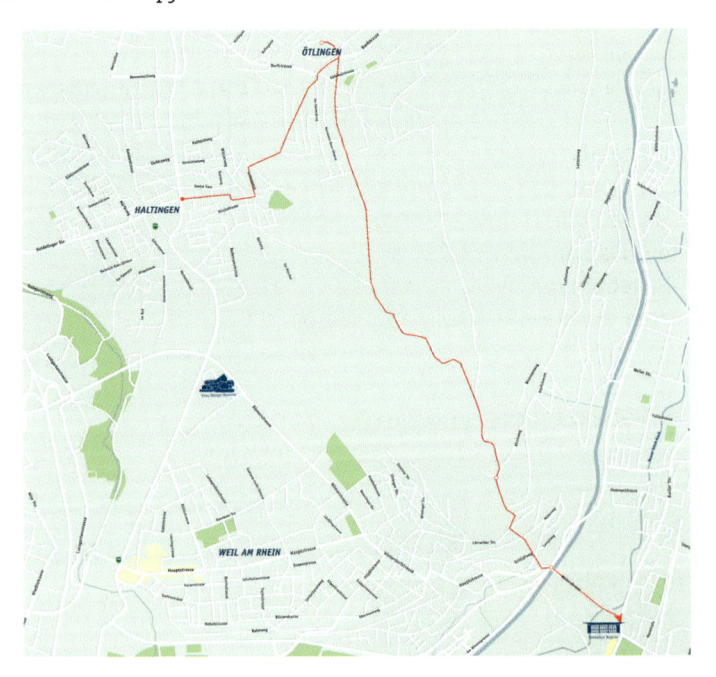

Info

Anfahrt Vom Claraplatz mit Bus 55 Richtung Kandern bis Haltingen Zentrum.
Route Haltingen Zentrum – Kleine Dorfstrasse – Haltingen Oberdorf – Winzerweg – Ötlingerweg – Ötlingen – Markgräfler Wiiwegli – Hohleweg – Tüllinger Weg – Tüllinger Berg – Tüllingen Lindenplatz – Weiler Weinweg – Ottilienkirche – Schlipf – Petrisweg – Brunnstubenwegli – Bruckwegli – Naturbad Riehen – Riehen Lörracherstrasse. **Dauer** 2,5 Std. **Einkehr** Gasthaus «zum Ochsen», Ötlingen, Sa–Mi geöffnet 10–24 Uhr, tolle Terrasse mit herrlicher Aussicht, www.gasthaus-zum-ochsen.de.
Rückfahrt Mit Tram 6 zurück in die Stadt.

Um die Stadt Aussicht, Aussicht, Aussicht 137

Auf dem Weg nach Ötlingen.

In Haltingen Zentrum gehts bei der Bäckerei Biene rechts in die Kleine Dorfstrasse, vorbei an weinumrankten Häusern mit Holunder- und Hagebuttenbüschen in den Vorgärten bis zum Oberdorf, bei dem wir links halten. Durch den Winzerweg gelangen wir zum Ötlingerweg, wo uns Trauben, Äpfel, Zwetschgen und Mirabellen nachgerade in den Mund wachsen – seltsam nur, dass die prall behangenen Bäume und Sträucher kaum abgeerntet werden und die Hälfte der Früchte, von Wespen umschwärmt, am Boden liegt. Schon von Weitem sehen wir die Kirche und das Dorf wie auf einer Postkarte oben am Hang. Der ruppige Aufstieg bringt uns ins Schwitzen und Schnaufen, die Mühe aber lohnt sich.

Denn im Art-Dorf mit den bunten Gemälden an den alten Hausfassaden ist es ein wunderbares Schau-

Blick von der Terrasse des «Ochsen» in Ötlingen Richtung Basel.

An jeder Ecke Gemälde: Art-Dorf Ötlingen.

en und Flanieren, und die Terrasse des «Ochsen» mit ihrem prächtigen Panoramablick auf Basel und die Rheinebene bringt uns ins Schwärmen. Hier sollten wir unbedingt ein wenig verweilen, bevor wir uns bei einem Gutshof in der Nähe mit Trauben, Obstbrand und anderer Wegzehrung versorgen.

Auf dem Weg zum Tüllinger Hügel.

Nun folgen wir dem Markgräfler Wiiwegli (gelbe Trauben auf roter Raute) oder dem Weiler Weinweg (goldene Trauben auf weinrotem Grund) und spazieren auf dem Hohleweg in die Weinberge. Tafeln klären uns über die Sorte Helios oder die französische Keltertraube Sauvignon blanc auf. Wir erfahren einiges über die Herausforderungen des Klimawandels im Weinbau, wie zum Beispiel Krankheitserreger von Süden nach Norden wandern.

Der Blick zurück auf Ötlingen ist wunderschön, aber auch die Aussicht aufs Rheinknie ist phänomenal. Zu unserem Leidwesen umschwirren uns Dutzende von gigantischen Mückenschwärmen – vermutlich passiert das nur einmal im Jahr, und genau den Tag haben wir uns ausgesucht. Aber die Mücken sind zum Glück mehr an ihren rhythmischen Tänzen als an unserem Blut interessiert – nur fortjagen muss man sie immer wieder mit Händen und Füssen.

Über den Marktfrauenweg erreichen wir den Tüllinger Weg, wo wir links abzweigen und Richtung Lindenplatz hochsteigen. Eine Blindschleiche windet sich am Waldrand, wilde Tulpen und eine Zeder säu-

Denkmal für die Gefallenen des Ersten Weltkriegs.

men den nun leider grösstenteils asphaltierten Weg, der uns die Waden madig macht. Dachs- und Fuchsbauten ziehen an uns vorbei, wir passieren ein Denkmal für die Gefallenen des Ersten Weltkriegs und haben dann bei den alten Linden auf dem Tüllinger Hügel eine schöne Weite vor uns und einen herrlichen Blick auf die Stadt.

Auf dem Tüllinger Hügel.

Nach einem Päuschen folgen wir dem Weiler Weinweg zur Ottilienkirche, wo die Aussicht fast noch eindrücklicher ist. Toll ist die pfalzartige Terrasse mit den Schatten spendenden Bäumen – der Ort hat etwas Mystisch-Meditatives. Auch hier lohnt es sich, ein wenig zu stehen und zu sehen.

Dann gehts steil hinunter, man wähnt sich auf dem Abstieg einer Bergwanderung, das Ganze geht mächtig in die Knie, in die Hüften und überallhin, wo es zwickt. Über Treppen und abschüssige Pfade gehen wir hinunter zum Schlipf: Petrisweg, Brunnstubenwegli und Bruckwegli führen uns an ebenso stotzigen wie lauschigen Gärten vorbei und durch Weinberge hinunter zum Riehener Naturbad. Über die Brücke und die Weilstrasse gelangen wir rasch zur Haltestelle Lörracherstrasse, wo wir unseren Knien im Tram ihre wohlverdiente Ruhe gönnen.

Blick von der Ottilienkirche.

Mundstück
Herrlich hochprozentigen Obstbrand aus der eigenen Brennerei gibts in Ötlingen bei der Familie Gempp in Selbstbedienung – Dorfstrasse 101, beim Fussweglein zum Cafe «Inka». Achtung, 48% Alkohol – nicht zu viel kippen, sonst wird das Markgräfler Wiiwegli zur Torkeltour.

Fundstück
Witziges Schild in Haltingen – ohne Land Rover sollten wir uns hier nicht hinstellen.

Autor

Daniel Zahno, 1963 in Basel geboren, spaziert fürs Leben gerne. Schon als Kind ist er aufgeweckt durch die Gegend gestreift, um die Welt zu entdecken. Bis heute ist er ein leidenschaftlicher Entdecker geblieben. Flanieren, Schreiben, Fotografieren – das macht der Autor, der in Basel und New York lebt, mit Lust und Hingabe. Für seine Romane und Erzählungen erhielt er renommierte Preise. Seine beiden Wanderverführer beim Friedrich Reinhardt Verlag waren in Basel Bestseller. Zuletzt erschien sein sinnlich-schön-schräger Thriller «Mama Mafia».

Daniel Zahno
Wanderverführer
Die schönsten Touren rund um Basel, Band 1

Haben Sie Lust, schöne Orte rund um Basel zu entdecken? Daniel Zahno nimmt Sie mit auf verführerische Touren im Jura, im Schwarzwald und in den Vogesen. Es locken wilde Schluchten, mächtige Wasserfälle, schmale Kreten, verträumte Flussläufe und idyllische Seen. Auf wenig begangenen Pfaden führt der Schriftsteller sprachgewandt zu Kostbarkeiten in malerischen Landstrichen, zum bezaubernden Blumenmeer auf der Geissflue oder zum magischen Indian Summer am Doubs. Dieser schöne und reich bebilderte Band versammelt abenteuerliche Streifzüge und gemütliche Wanderungen – Genuss pur und eine Freude für jedes Entdeckerherz.

120 Seiten,
kartoniert
CHF 29.80
ISBN 978-3-7245-2049-8

Daniel Zahno
Wanderverführer
Die schönsten Touren rund um Basel, Band 2
Entdecken Sie zauberhafte Orte rund um Basel.
Nach dem grossen Erfolg von Daniel Zahnos erstem
«Wanderverführer» folgt nun der zweite Band: wieder
mit 25 herrlichen Wanderungen zu zauberhaften Orten
in der Nordwestschweiz, die mit öffentlichen Verkehrsmitteln gut zu erreichen sind. Es locken wilde Schluchten, einsame Gipfel, lauschige Plätzchen, verträumte
Flussläufe und vergessene Täler. Auf stillen Pfaden führt
der Schriftsteller sprachgewandt zu Kostbarkeiten in
malerischen Landstrichen, zum atemberaubenden
Panorama auf die Hohe Winde oder zum jahrhundertealten Eichenhain beim idyllischen Schloss Wildenstein.
Auch dieser zweite Band ist reich bebildert und lässt Ihr
Wanderherz höher schlagen.

124 Seiten
kartoniert
CHF 29.80
ISBN 978-3-7245-2114-3

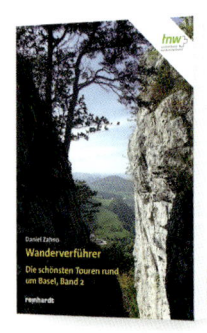